桑锦龙 汤术峰 著

公共教育服务体系
建设概论

An Introduction
to the Construction of
Public Education Service System

社会科学文献出版社
SOCIAL SCIENCES ACADEMIC PRESS (CHINA)

目　录

图目录

表目录

前　言
现代化公共教育服务体系：教育强国的基础性工程

　　新中国成立以来，特别是改革开放以来，中国特色社会主义现代化建设取得了举世瞩目的伟大成就。到 2015 年中国已经成为世界第二大经济体，人均收入已经达到世界银行确立的世界中高收入国家水平。"我们比历史上任何时期都更接近、更有信心和能力实现中华民族伟大复兴的目标。"①

　　作为中国特色社会主义事业的重要组成部分，中国特色社会主义教育现代化建设也取得了巨大成就。改革开放以来，中国完成了基本教育现代化的任务，包括建成了世界上规模最大、体系完备、结构完整的教育体系，教育普及程度和各级各类学校办学条件现代化程度空前提高，国家教育总体发展水平进入世界中上行列。② 部分发达地区的教育事业发展程度和人力资源发展程度甚至达到世界领先水平。特别是党的十八大以来，各级政府坚定中国特色社会主义道路自信、理论自信、制度自

---

① 习近平：《决胜全面建成小康社会　夺取新时代中国特色社会主义伟大胜利——在中国共产党第十九次全国代表大会上的报告》（2017 年 10 月 18 日），人民出版社，2017，第 15 页。

② 《国家教育事业发展"十三五"规划》，中央政府门户网站，http://www.gov.cn/zhengce/content/2017-01/19/content_5161341.htm。

信、文化自信，不断深入推进以改善民生为重点的社会建设，坚持优先发展教育，努力办好人民满意的教育，我国教育公共服务水平和教育治理能力不断提升，中国特色社会主义教育制度体系进一步完善，为经济转型、科技创新、文化繁荣、民生改善、社会和谐提供了有力支撑，中国特色社会主义教育自信不断增强。

构建与社会主义市场经济体制相适应的现代化公共教育服务体系是当前我国教育改革发展的重大战略，是实现教育现代化、建设教育强国的基础性工程。2010 年 7 月公布的《国家中长期教育改革和发展规划纲要 （2010—2020 年）》，明确提出"各级政府要切实履行统筹规划、政策引导、监督管理和提供公共教育服务的职责，建立健全公共教育服务体系，逐步实现基本公共教育服务均等化，维护教育公平和教育秩序"[1]。与此相适应，"十二五"以来，我国公共教育服务体系建设取得了积极进展。九年义务教育全面普及，学前三年毛入园率大幅度提升，高中阶段教育基本普及，基本公共教育服务体系基本建立。特别是义务教育均衡化取得突破性进展，中西部和农村教育明显加强。截至 2016 年底，全国共有 1824 个县（市、区）通过义务教育发展基本均衡县（市、区）的督导评估认定，实现义务教育发展基本均衡，占全国总数的 62.4%。[2] 此外，"十二五"期间，京、津、沪、苏、浙等一些沿海发达地区，经济和教育发展水平持续快速提升，公共教育服务体系建设取得新的进展。特别是部分地区，如北京、上海等，教育总体发展程度已达到世界主要发达国家水平，从可量化的一些教育发展监测指标来看，跟跑的项目在减少，并跑、领跑的项目在增多。

但是，在看到成绩的同时，我们也要清醒地认识到，我国公共教育

---

[1] 《国家中长期教育改革和发展规划纲要 （2010—2020 年）》，中央政府门户网站，http://www.gov.cn/jrzg/2010-07/29/content_1667143.htm。

[2] 王强：《见证！中国教育五年新跨越》，《中国教育报》2017 年第 10 期。

服务体系建设任务依然艰巨。2017 年 1 月颁布的《国家教育事业发展"十三五"规划》明确指出"保障基本民生，实现全体人民共同迈入全面小康社会，迫切要求完善基本公共教育服务体系"，并且将"教育发展成果更公平地惠及全民"作为具体发展目标之一，强调要"建成覆盖城乡、更加均衡的基本公共教育服务体系"。同时，国务院也印发了《"十三五"推进基本公共服务均等化规划》，提出我国推进基本公共服务均等化的目标是"到 2020 年，基本公共服务体系更加完善，体制机制更加健全，在学有所教、劳有所得、病有所医、老有所养、住有所居等方面持续取得新进展，基本公共服务均等化总体实现"。该规划还将基本公共教育作为推进基本公共服务均等化的优先领域，从义务教育、高中阶段教育、普惠性学前教育、继续教育等四个方面提出了若干服务项目①，强调国家要"完善基本公共教育制度，加快义务教育均衡发展，保障所有适龄儿童、青少年平等接受教育，不断提高国民基本文化素质"②。特别是 2017 年 10 月召开的党的十九大，在报告中还进一步明确指出，当前我国"民生领域还有不少短板，脱贫攻坚任务艰巨，城乡区域发展和收入分配差距依然较大，群众在就业、教育、医疗、居住、养老等方面面临不少难题"。

换言之，"与世界先进水平相比，与中央要求、社会需求和百姓期待更好的教育相比，与全面建成小康社会和实现'两个一百年'奋斗目标的要求相比，我国教育改革发展还有差距。面对新形势新任务，我国教育还不能完全适应人的全面发展和经济社会发展的需要，现代教育公共服务体系、现代教育治理体系、现代教育保障体系还不够健全，一

---

① 具体包括：免费义务教育、农村义务教育学生营养改善、寄宿生生活补助、普惠性学前教育资助、中等职业教育国家助学金、中等职业教育免除学杂费、普通高中国家助学金、免除普通高中建档立卡等家庭经济困难学生学杂费。

② 《国务院关于印发"十三五"推进基本公共服务均等化规划的通知》，中央政府门户网站，http://www.gov.cn/zhengce/content/2017－03/01/content_ 5172013. htm。

些深层次体制机制障碍需要重点破解，一些人民群众关心的热点难点问题还需要加快解决，地方推进改革的内在动力和活力还需进一步激发"①。

因此，立足我国已进入中国特色社会主义新时代、社会主要矛盾已经由"人民日益增长的物质文化需要同落后的社会生产之间的矛盾"转化为"人民日益增长的美好生活需要和不平衡不充分的发展之间的矛盾"的基本国情，聚焦十九大确立的 2020 年全面建成小康社会、2035 年基本实现社会主义现代化以及 21 世纪中叶把我国建成富强民主文明和谐美丽的社会主义现代化强国的战略目标，按照党的十九大"坚持人人尽责、人人享有，坚守底线、突出重点、完善制度、引导预期，完善公共服务体系，保障群众基本生活，不断满足人民日益增长的美好生活需要，不断促进社会公平正义，形成有效的社会治理、良好的社会秩序，使人民获得感、幸福感、安全感更加充实、更有保障、更可持续"的总体部署，加快推进现代化公共教育服务体系建设已经成为建设教育强国的基础性工程。

有鉴于此，本书以笔者承担的全国教育科学规划教育部重点课题"发达地区构建现代化公共教育服务体系政策研究"、北京市计生委托项目"教育资源布局及其相关政策影响研究"的理论研究成果为基础，力图通过明晰公共教育服务体系的内涵和实践指向，系统总结"十二五"以来我国发达地区构建公共教育服务体系的主要政策动态，详细梳理当前世界发达国家（地区）推进公共教育服务体系建设的主要发展趋势，更好地把握我国构建现代化公共教育服务体系的主要发展方向。具体来说，笔者希望通过本书，能从四个方面进一步促进我国公共教育服务体系建设的现代化进程。

---

① 蔡继乐：《用新时代中国特色社会主义思想加快建设教育强国——访十九大代表，教育部党组书记、部长陈宝生》，《中国教育报》2017 年 10 月 22 日。

　　首先，进一步深化公共教育服务体系的理论研究。目前，尽管在我国的公共政策文本中广泛使用"公共教育服务体系"这一概念或术语，但总体而言，理论界对于公共教育服务体系的研究比较薄弱。本书认为，构建中国特色的现代化公共教育服务体系，归根结底是一个认识和实践的创新过程。在我国，教育从计划经济体制下的"上层建筑"，到市场化改革过程中强调的"产业"或"商品"，再到目前强调的"公共服务"，对教育属性认识的变化其实在一定程度上反映了党和政府对我国教育现代化建设规律认识的不断深化，体现了发展理念的深层次变革。但是，认识的变化只是一个方面，从认识变化转化成具体的实践、从基本构建起公共教育服务体系再到实现其现代化，仍然是一个漫长的过程，不仅需要自上而下的推动，而且也依赖于自下而上的创新实践。当然，构建现代化公共教育服务体系也是一个系统工程，是根据经济发展水平和政府财政收入状况，确定合理的公共教育服务内容、范围和不断提高公共教育服务能力的过程。目前，我国虽然已经进入中国特色社会主义现代化建设的新时代，但整体上还处在社会主义初级阶段，与发达国家（地区）相比还存在明显的差距，因此要提高公共教育服务水平就必须立足我国基本国情，尊重基层的首创精神，处理好区域与整体、尽力而为和量力而行、长远发展和现实改进、公共教育服务与其他公共服务等的关系，在公共教育服务的财政体系、治理体系、供给体系和信息体系方面做出符合中国实际的制度安排和政策设计。总之，笔者希望通过深化公共教育服务体系的理论研究，进一步加强人们对于教育发展中政府责任的认识，使人们更加关注具有中国特色的公共教育服务基本制度框架的系统性建设问题。

　　其次，加强地区之间在构建现代化公共教育服务体系方面的相互学习和借鉴。教育发展中的区域问题既是我国教育发展战略理论必须关注的基本理论，也是我国教育改革与发展必须关注的重大实践问题。[①]《国家中长期教育改革和发展规划纲要（2010—2020 年）》提出要"整体部署教育改革试验，统筹区域协调发展"，特别是明确提出要"根据统筹规划、分步实施、试点先行、动态调整的原则，选择部分发达地区和学校开展重大改革试点"。可以说，改革开放以来，以京津沪苏浙等为代表的东部地区是我国经济发展最快的地区，社会建设和管理中的一些新情况、新问题也往往比其他地区早发。从教育发展情况来看，进入"十二五"以来，这些地区都完成了以教育普及化为主要标志的基本教育现代化任务，进而提出了到 2020 年率先实现教育现代化的发展目标，都把构建现代化公共教育服务体系作为全面推进教育现代化的重要内容。因此，及时总结和把握这些地区构建现代化公共教育服务体系的政策动向和实践创新，对全国构建现代化公共教育服务体系也具有重要的借鉴意义。特别需要强调的是，随着我国财税体制改革的深入，相对于中央政府在政治、经济、国防、文化意识形态等方面承担的职能而言，各级地方政府特别是省级政府承担公共服务的职责日益突出。2017 年国办还印发了《对省级人民政府履行教育职责的评价办法》，提出要从六个方面强化对省级政府履行教育职责的综合督导评价，包括：省级人民政府贯彻执行党的教育方针情况，落实教育法律、法规、规章和政策情况，各级各类教育发展情况，统筹推进本行政区域教育工作情况，加强教育保障情况，学校规范办学行为情况。特别是该办法还从制度设计上突出了评价结果的作用，提出将"评价结果作为对省级人民政府及其有关部门领导班子和领导干部进行考核、奖惩的重要依据"[②]。2018 年 6 月，国务院教育督导委员会向各地派出核查组，对 31 个省（区、

---

① 郝克明、谈松华：《走向 21 世纪的中国教育发展战略研究》，贵州出版社，1997，第 8 页。

② 《国务院办公厅关于印发对省级人民政府履行教育职责的评价办法的通知》，中央政府门户网站，http://www.gov.cn/zhengce/content/2017 - 06/08/content_ 5200756. htm。

市）级人民政府和新疆生产建设兵团履行教育职责的情况进行实地核查。对省级政府履行教育职责的情况进行评价，是新中国成立以来的第一次。可以说，在此背景下，将各级地方政府特别是省级政府的教育政策实践作为公共教育服务体系研究重心也是我国经济社会形势发展的必然要求之一。换言之，发达地区在我国教育现代化全局中处于引领地位，肩负着为全国教育现代化探索经验的重要使命。加强对发达地区构建现代化公共教育服务体系政策创新实践的总结，既有助于发达地区之间在解决相同或类似问题时相互借鉴，也有助于其他地区向发达地区学习。

再次，准确把握当前世界发达国家（地区）推进公共教育服务体系建设的主要发展趋势。尽管人们对于公共教育服务的认识不尽相同，各国公共教育服务体系的建构也存在不同的模式和做法，但从历史和发展的角度来看，教育作为公共服务重要内容的地位在各国越来越突出，超前谋划教育发展、积极推进公共教育服务体系的改革已经成为各国提升国家竞争力的共同趋势。能否拥有发达的公共教育服务体系并发挥其在促进经济增长和社会公平方面的重要作用，也已经成为衡量一个国家（地区）现代化水平的重要标志。以 2018 年 6 月经济合作与发展组织（OECD）发布的《教育政策展望 2018：将学生学习置于中心位置》（*Education Policy Outlook 2018：Putting Student Learning at the Centre*）为例，它就明确提出社会发展需要好的教育政策，了解政策生态系统有助于制定合理的教育政策。立足 OECD 各国教育政策发展实践，该报告认为可以从三个领域分析各国的教育政策态势：一是聚焦学生，从提高学业成就的角度（Students：Raising outcomes）；二是聚焦教育机构，从提高教育质量的角度（Institutions：Enhancing quality）；三是聚焦教育制度，从有效治理的角度（Systems：Governing effectively）。特别是该报告还聚焦第一个方面，分析了 43 个国家教育系统近十年来重要的教育优先领域及主要教育政策的演变，比较了 2008 年至 2014 年这些国家实施的各种教育政策的最新进展（主要是 2015～2017 年），强调教育政策的成功取决于政策自身的设计，以及实施策略。总之，"他山之石，可以攻玉"。全面准确把握当前世界主要发达国家（地区）推进公共教育服务体系建设的经验和主要发展趋势，为我国构建现代化公共教育服务体系提供现实参照，也是我国建设现代化公共教育服务体系的应有之义。

最后，明晰新时期我国推进公共教育服务体系建设的主要方向。随着中国特色社会主义进入新时代，我国公共教育服务体系建设的指导思想、供求关系、内外部环境、评价标准、保障机制发生了重要而深刻的变化，进一步推进公共教育服务体系的现代化也面临着新挑战、新要求和新机遇。因此，本书最后将立足对公共教育服务体系的理论认知、我国的实践进展和国际发展趋势的研究，坚持目标导向、问题导向和改革导向，从治理体系、投入体制、供给模式、信息体系等重点领域，对新时期我国推进公共教育服务体系建设的主要方向和战略重点提出初步的意见和建议。

总之，"实践没有止境，理论创新也没有止境"。当前我国公共教育服务体系建设已经进入一个新的发展阶段。希望本书的出版能对我国建设更高质量、更加公平、更具活力的现代化公共教育服务体系有所裨益。由于笔者水平有限，书中定有疏漏和不妥之处，恳请读者批评指正。

桑锦龙

第一章
公共教育服务体系的内涵及特征

《国家中长期教育改革和发展规划纲要（2010—2020 年）》（以下简称《纲要》）提出了"建立健全公共教育服务体系，逐步实现基本公共教育服务均等化"的重大教育发展战略任务。但是，从我国教育实践和理论现状来看，很长一段时间内强调"基本公共教育服务均等化"的多，关注"建立健全公共教育服务体系"的比较少，人们对于究竟什么是"公共教育服务体系"、当前我国教育改革发展为何提出此议题、它的实践指向是什么等问题的认识并不清晰和统一，因此本部分尝试对上述问题进行回答。

一 "公共教育服务体系"概念的出现与发展

从"公共教育服务体系"概念在我国的发展演变来看，它的出现与 21 世纪以来国家推进信息化发展、服务型政府建设、促进教育公平和全面深化改革等社会宏观改革大背景密切关联，既具有自己的内在规定性，也具有与时俱进的新内涵，经历了一个发展变化的过程。

（一）信息化建设视野下的"公共教育服务体系"

21 世纪以来，到党的十七大（2007 年）之前，"公共教育服务体系"的内涵还比较狭窄，主要是指主流学校教育体系之外，以信息技术为依托的具有开放性、公益性的教育资源库及运营服务机制。例如，在正式的国家教育政策文本中，最早出现与"公共教育服务体系"类似概念的是 2004 年 3 月教育部公布的《2003—2007 年教育振兴行动计划》，其中提到要"构建教育信息化公共服务体系，建设硬件、软件共享的网络教育公共服务平台""贯彻《行政许可法》，加快政府职能转变，……，建立公共教育管理与服务体系"① 等。2006 年，时任教育部部长的周济在《求是》杂志撰文《坚持教育优先发展　切实促进教育公平》，也提出要"建立遍布乡村学校的现代远程教育网络，形成面向全国农村的公共教育服务体系"②。甚至到 2007 年 5 月发布的《国家教育事业发展"十一五"规划纲要》，也没有明确提出"公共教育服务体系"概念，其中只有"明确各级政府提供教育公共服务的职责，并按照建立公共财政体制的要求，将教育列入公共财政支出的重点领域""努力构建教育信息化公共服务体系"③ 两处近似的简单表述。

（二）促进公平视野下的"公共教育服务体系"

党的十七大后，随着进城务工农民随迁子女教育、城乡教育差距扩大等一系列涉及教育公平问题的凸显，建立健全"公共教育服务体系"的说法开始出现并被认为是促进教育公平的重要手段和主要标志。例如，时任国务委员的陈至立在教育部 2007 年度工作会议上的讲话中，在强调"促进公共教育特别是义务教育的均衡发展"时，提出要"形成面向全国

---

① 《2003—2007 年教育振兴行动计划》，中华人民共和国教育部官网，http：//www. moe. gov. cn/publicfiles/business/htmlfiles/moe/moe_ 177/200407/2488. html。

② 周济：《坚持教育优先发展　切实促进教育公平》，《求是》2006 年第 23 期，第 15～18 页。

③ 《国务院批转教育部国家教育事业发展"十一五"规划纲要的通知》，中华人民共和国教育部官网，http：//www. moe. gov. cn/publicfiles/business/htmlfiles/moe/moe_ 1502/200706/23358. html。

农村的公共教育服务体系"①。2008 年 12 月新修订的《教育部工作规则》也提出"教育公共服务"和"教育服务体系"的概念，指出教育部要"强化教育公共服务。完善有关政策措施，健全教育服务体系，健全教育服务的监管和绩效评估机制，增强教育服务能力，合理配置教育资源，促进教育公平，推进教育基本公共服务均等化"②。时任教育部长的袁贵仁在教育部 2010 年度工作会议上则明确提出"要主动适应城镇化进程，把学校作为中小城市和小城镇发展的重要基础公共设施，科学规划、合理布局，健全公共教育服务体系，提高教育服务能力"③。

（三）教育综合改革视野下的"公共教育服务体系"

2010 年第四次全国教育工作会议召开之后，特别是"十二五"期间，在我国的教育政策文本中建立健全"公共教育服务体系"的提法越来越多，这不仅成为我国教育改革发展的目标、促进教育公平的重要内容，而且成为深化教育管理体制改革的新任务。例如，《纲要》不仅把其作为 2020 年我国教育改革与发展战略目标的重要内容之一，而且在办学体制、教育管理体制、投入体制改革方面也做出了相关的具体部署（见表 1）。④ 特别是 2012 年 7 月国务院正式印发的《国家基本公共服务体系"十二五"规划》，不仅明确提出了"基本公共服务"的概念，即"基本公共服务，指建立在一定社会共识基础上，由政府主导提供的，与经济社会发展水平

---

① 陈至立：《以科学发展观统领教育事业发展全局，为构建社会主义和谐社会作出新贡献》，《中国职业技术教育》2007 年第 4 期。

② 中共教育部党组关于印发《教育部工作规则》的通知，中华人民共和国教育部官网，http：//www.moe.gov.cn/srcsite/A01/s7048/201312/t20131219_ 171844.html。

③ 袁贵仁：《继续解放思想　坚持改革创新　努力开创教育事业科学发展新局面》，中华人民共和国教育部官网，http：//www.moe.gov.cn/publicfiles/business/htmlfiles/moe/moe_176/201009/97421.html。

④ 《国家中长期教育改革和发展规划纲要（2010—2020 年）》，中华人民共和国教育部官网，http：//www.moe.gov.cn/publicfiles/business/htmlfiles/moe/moe_ 177/201008/93785.html。

和阶段相适应,旨在保障全体公民生存和发展基本需求的公共服务。享有基本公共服务属于公民的权利,提供基本公共服务是政府的职责",而且明确界定了"基本公共服务体系"的概念,指出"基本公共服务体系,指由基本公共服务范围和标准、资源配置、管理运行、供给方式以及绩效评价等所构成的系统性、整体性的制度安排"①,从而为从综合改革的角度理解"公共教育服务体系"的概念和实践指向提供了可能。

表1 《国家中长期教育改革和发展规划纲要(2010—2020年)》有关"公共教育服务"的表述

名目	文件摘要	关键词
战略目标	建成覆盖城乡的基本公共教育服务体系,逐步实现基本公共教育服务均等化,缩小区域差距	·基本公共教育服务体系 ·基本公共教育服务均等化
办学体制改革	改进非义务教育公共服务提供方式,完善优惠政策,鼓励公平竞争,引导社会资金以多种方式进入教育领域	非义务教育公共服务
管理体制改革	以转变政府职能和简政放权为重点,深化教育管理体制改革,提高公共教育服务水平	公共教育服务水平
	各级政府要切实履行统筹规划、政策引导、监督管理和提供公共教育服务的职责,建立健全公共教育服务体系,逐步实现基本公共教育服务均等化,维护教育公平和教育秩序	·公共教育服务的职责 ·公共教育服务体系 ·基本公共教育服务均等化
保障经费投入	进一步明确各级政府提供公共教育服务职责,完善各级教育经费投入机制,保障学校办学经费的稳定来源和增长	公共教育服务职责

资料来源:《国家中长期教育改革与发展规划纲要(2010—2020年)》。

(四)国家治理体系与治理能力现代化视野中的"公共教育服务体系"

党的十八大以来,特别是"十三五"以来,随着我国教育综合改

---

① 《国务院关于印发国家基本公共服务体系"十二五"规划的通知》,中央政府门户网站,http://www.gov.cn/zwgk/2012-07/20/content_2187242.htm。

革的深入推进，我国基本公共教育服务体系"基本确立"，进一步完善我国公共教育服务体系、提升公共教育服务体系能力和水平的任务更加迫切。在此背景下，"公共教育服务体系"建设问题日益成为国家治理体系与治理能力现代化的重要内容之一。为此，政府主要从两个方面推进"公共教育服务体系"建设。

第一，持续深化教育内部综合改革，进一步拓展基本公共教育服务的内容和途径成为公共教育服务体系建设的主要趋势。2017 年 1 月，国务院印发的《国家教育事业发展"十三五"规划》聚焦 2020 年我国全面建成小康社会的发展目标，按照"保基本、补短板、促公平"的思路，以"提高基本公共教育服务的覆盖面和质量水平"为主线，对提升我国基本公共教育服务能力做出全面专门部署，将"建成覆盖城乡、更加均衡的基本公共教育服务体系"作为 2020 年我国教育改革发展的重要目标之一，并对进一步提升基本公共教育服务能力的重点工作做出了详细部署。同时，也对完善公共教育服务体系提出了新的要求，例如，为应对我国老龄化程度不断加深的发展态势，提出要"推进老年教育机构逐步纳入地方公共服务体系"；为了促进民办教育发展，提出"鼓励教育服务外包"，作为政府教育服务的重要补充；等等（见表 2、表 3）。

表 2　《国家教育事业发展"十三五"规划》有关"公共教育服务"的表述

名目	文件摘要	关键词(句)
发展环境	教育总体发展水平进入世界中上行列。九年义务教育全面普及，进入均衡发展新阶段，学前三年毛入园率提前实现《教育规划纲要》2020 年目标，高中阶段教育基本普及，基本公共教育服务体系和现代职业教育体系基本确立，高等教育大众化水平显著提升，继续教育持续发展，全民终身学习的态势初步形成。保障基本民生,实现全体人民共同迈入全面小康社会,迫切要求完善基本公共教育服务体系	·基本公共教育服务体系和现代职业教育体系基本确立 ·迫切要求完善基本公共教育服务体系

续表

名目	文件摘要	关键词(句)
主要目标	义务教育实现基本均衡的县(市、区)比例达到95%,城乡、区域、学校之间差距进一步缩小,建成覆盖城乡、更加均衡的基本公共教育服务体系	建成覆盖城乡、更加均衡的基本公共教育服务体系
主题主线	统筹利用好、布局好各类教育资源,突出保基本、补短板、促公平,公共教育资源配置向薄弱地区、薄弱学校、薄弱环节和困难人群倾斜,推动区域、城乡协调发展,着力提高基本公共教育服务的覆盖面和质量水平	着力提高基本公共教育服务的覆盖面和质量水平
促进和规范民办教育发展	研究制定相关规范和管理办法,鼓励教育服务外包,引导社会力量为学校提供信息化课程包、实训实习、教师培训、管理支持、质量监测、就业指导等专业化服务,作为政府教育服务的重要补充	·教育服务外包 ·政府教育服务
优化城乡基础教育布局	统筹推进县域内城乡义务教育一体化改革发展,实现常住人口基本公共教育服务全覆盖	实现常住人口基本公共教育服务全覆盖
大力发展继续教育	建立面向全民的终身学习成果认证、积累与转换公共服务平台 推进老年教育机构逐步纳入地方公共服务体系,完善老年人学习服务体系,办好老年大学,有效扩大老年教育资源供给	·建立面向全民的终身学习成果认证、积累与转换公共服务平台 ·推进老年教育机构逐步纳入地方公共服务体系
加快发展学前教育	发展0~3岁婴幼儿早期教育,探索建立以幼儿园和妇幼保健机构为依托,面向社区、指导家长的公益性婴幼儿早期教育服务模式	公益性婴幼儿早期教育服务模式

资料来源:《国家教育事业发展"十三五"规划》(2017年1月10日)。

表3 《国家教育事业发展"十三五"规划》
关于"提升基本公共教育服务能力"的政策部署

以中西部地区、贫困地区和民族地区为重点,补齐基本公共教育服务短板。加强普惠性幼儿园建设,重点保障中西部农村适龄儿童和实施全面两孩政策新增适龄儿童入园需求。加强义务教育学校标准化建设,全面改善贫困地区义务教育薄弱学校基本办学条件,逐步实现未达标城乡义务教育学校校舍、场所的标准化,重点支持革命老区、民族地区、边疆地区和集中连片特困地区。实施高中阶段教育普及攻坚,在中西部集中连片特困县、国家扶贫开发工作重点县、民族地区县、革命老区县新建、改扩建一批办学条件达标的普通高中和中等职业学校,增加高中阶段教育资源。30万人口以下未建设特殊教育学校的县可根据实际需要支持接收随班就读残疾学生较多的普通学校设立特殊教育资源教室(中心)。鼓励有条件的地区试点建设孤独症儿童少年特殊教育学校(部)。依托现有特殊教育和职业教育资源,每个省(区、市)集中力量办好至少一所面向全省(区、市)招生的残疾人中等职业学校、一所盲生高中、一所聋生高中。支持招收残疾学生较多的普通学校建设资源教室,扩大特殊教育规模。

资料来源:《国家教育事业发展"十三五"规划》(2017年1月10日)。

第二，更加重视突破制约公共教育服务体系建设的外部体制机制问题。2013 年十八届三中全会通过的《中共中央关于全面深化改革若干重大问题的决定》，在一系列与我国公共教育服务体系建设相关的基础性制度方面做出了重要的改革部署，例如"加快事业单位分类改革，加大政府购买公共服务力度""创新人口管理，加快户籍制度改革""推进金融、教育、文化、医疗等服务业领域有序开放"等。此外，还提出要"扩大省级政府教育统筹权"，把充分调动省级政府深化教育改革的主动性、积极性和创造性，健全省级政府统筹管理教育的制度作为深化教育领域综合改革的重要保障之一。

特别是为了进一步推进现代财政制度，建立权责清晰、财力协调、区域均衡的中央和地方财政关系，2018 年初国务院办公厅还印发《基本公共服务领域中央与地方共同财政事权和支出责任划分改革方案》，提出：将义务教育（包括公用经费保障、免费提供教科书、家庭经济困难学生生活补助、贫困地区学生营养膳食补助 4 项）、学生资助（包括中等职业教育国家助学金、中等职业教育免学费补助、普通高中教育国家助学金、普通高中教育免学杂费补助 4 项）列为基本公共服务事项的内容，列入中央与地方共同财政事权范围；要参照现行财政保障或中央补助标准，制定义务教育公用经费保障、免费提供教科书、中等职业教育国家助学金等基本公共服务保障的国家基础标准；要规范基本公共服务领域中央与地方共同财政事权的支出责任分担方式，主要实行中央与地方按比例分担；要在一般性转移支付下设立共同财政事权分类分档转移支付，对共同财政事权基本公共服务事项予以优先保障等。①

总之，"公共教育服务体系"概念及其使用语境在我国的发展变

---

① 《基本公共服务领域中央与地方共同财政事权和支出责任划分改革方案》，《人民日报》2018 年 2 月 9 日。

化，既充分体现了公共教育服务体系建设在我国经济社会发展中日益凸显的战略性地位，也充分体现这项战略性、综合性改革任务日益凸显的复杂性和艰巨性。

二 相似概念的辨析

当前，在我国公共教育政策领域，制约公共教育服务体系建设的重要因素之一，就是有关公共教育服务体系的理论研究薄弱，公共教育服务体系的内涵与实践指向不甚清晰。突出表现之一就是很多人将其与诸如基本公共教育体系、公共教育体系、教育公共服务体系等概念或术语混用的现象非常普遍，那么它们之间有何区别和联系呢？下面就这几组相似概念做一辨析。

（一）"公共教育服务体系"与"基本公共教育服务体系"

如上所述，在《纲要》中，既出现了"建成覆盖城乡的基本公共教育服务体系"的表述，也出现了"建立健全公共教育服务体系"的表述，那么"基本公共教育服务体系"和"公共教育服务体系"之间究竟有何异同呢？"基本"的含义主要是指什么呢？目前，关于这两者的区分主要有三种认识。

第一种认识，认为二者体现了所提供教育产品属性的差异。众所周知，在教育领域，教育公共服务或公共教育服务尚无明确或比较完整的定义，大多借助或套用公共服务的概念。[①] 因此，对于教育服务或教育产品属性的认识不同，会直接导致对于"公共教育服务体系"的理解不同（见图 1）。比如，有学者认为教育产品的属性与教育提供者的身

---

① 何鹏程：《教育公共服务的理论探讨》，《教育发展研究》2008 年第 9 期。

份和教育经费负担密切相关，教育产品根据其提供者属性可划分五大类：具有纯公共产品性质的教育服务、基本具有公共产品性质的教育服务、具有准公共产品性质的教育服务、具有纯私人产品性质的教育服务以及基本具有私人产品性质的教育服务[①]；再比如，有学者认为义务教育属于公共产品，非义务教育属于准公共产品等[②]；还比如，有人认为教育是社会性公共服务，全社会范围受益的如基础教育，应由中央政府和地方政府负担，个人受益更多的职业教育、高等教育等应以个人负担为主。[③] 但 1998 年联合国教科文组织发表的《世界高等教育宣言》中却提出"应该把高等教育视为一项公共服务"[④]；当然，也有学者强调应将教育公共服务作为一个整体考察，认为从教育的消费特征出发，教育的间接效用具有部分的非排他性和非竞争性，而个人和社会的教育目的主要是获取教育的间接效用，因此教育属于准公共产品。按照这种观点，义务教育和非义务教育之间的差异，并不是教育产品属性上有何不同，它们都是准公共产品，"如果有区别，也只是各自的私人产品和公共产品的成分不同而已"[⑤]。

简言之，从这些观点出发，"基本公共教育服务体系"和"公共教育服务体系"之间的差异，主要体现了其所提供教育产品属性上的差异，"基本公共教育服务体系"主要是指提供纯公共产品性质教育服务的体系，而"公共教育服务体系"则指提供所有具有公共产品性质教育服务的体系。

第二种认识，认为二者体现了政府在提供公共教育服务上的责

---

① 厉以宁：《关于教育产品的性质和对教育的经营》，《教育发展研究》1999 年第 10 期。
② 王善迈：《社会主义市场经济条件下的教育资源配置方式》，《教育与经济》1997 年第 3 期。
③ 孙晓莉：《中外公共服务体制比较》，国家行政学院出版社，2007，第 9 页。
④ 联合国教科文组织：《世界高等教育宣言》，《巴黎》1998 年第 10 期。
⑤ 袁连生：《论教育的产品属性、学校的市场化运作及教育市场化》，《教育与经济》2003 年第 1 期。

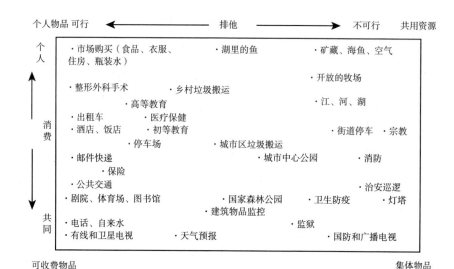

图1 不同物品和服务的排他和消费（竞争）特征

注：根据物品或服务的特性来界定公共服务是当前学术界的常用方式。例如，依照消费的竞争性和排他性，有西方经济学学者从理论上将物品和服务分为四类。（1）个人物品（或私人物品）：排他完全可行、竞争性很强的纯个人消费品；（2）可收费物品（或俱乐部物品）：排他完全可行、竞争性不强的纯公共消费品；（3）共用资源（或公共池塘资源物品）：排他完全不可行、竞争性很强的纯个人消费品；（4）集体物品（或纯公共物品）：排他完全不可行、竞争性很弱的纯共同消费品。其中，俱乐部物品和共用资源通称为准公共物品，即不同时具备非排他性和非竞争性。事实上，只有极少数物品属于上述四种形式，绝大多数的物品处于这个二维连续体其间的某个位置，并且随所处历史阶段和社会、地域的不同而有所变化。从理论上来看，物品分类的结果确定了政府和非政府机构在物品和服务提供中所扮演的角色。在各种物品的提供上，个人物品主要由非政府机构提供；准公共物品主要由政府和非政府机构共同提供；纯公共物品主要由政府提供。

资料来源：〔美〕E.S. 萨瓦斯：《民营化与公私部门的伙伴关系》，中国人民大学出版社，2003，第50页。

任差异。公共服务是现代社会政府的主要职能之一，政府在提供公共服务方面应承担主要责任。与此同时，有研究认为，政府承担公共服务的责任也因公共服务性质的不同有所区别（见表4、表5）。例如，有研究认为政府的责任大致可以分为三种：一是当私人或市场能够且愿意提供某种公共服务时，政府则承担维护公平竞争环境，保证私人或市场提供符合社会需求的公共服务的责任，即裁判者、监管者的责任；二是当由私人或市场提供的某种公共服务不能完全满足社会需求时，政府则承担用公共财政资源，帮助和鼓励私人或市场提供满足社会需求的公共服务的责任，即支持者、资助者、合作者的责任；三是当私人或市场不能也不愿意提供某种公共服务时，政府则承担直接提供满足社会需求的公共服务的责任，即生产者的责任。① 简言之，从政府提供公共教育服务所承担的责任来看，二者的区别在于："公共教育服务体系"涵盖政府的上述三种责任，而"基本公共教育服务体系"则更加强调或突出政府的直接"生产者责任"。

表 4　教育服务提供的制度安排类型

生产者	安排者	
	公共部门	私人部门
公共部门	· 政府服务 · 政府间协议	· 政府出售
私人部门	· 合同承包 · 特许经营 · 补助	· 自由市场 · 志愿服务 · 自我服务 · 凭单制

　　注：根据教育服务的生产者与提供者的不同，可以将教育服务提供的制度安排分为 4 种基本类型、10 种具体形式。从理论上讲，除自我服务外，公共教育服务可以采取其他任何一种方式来提供，但是具体到某一特定的物品和服务，还需要结合实际情况不断探索对当时当地更为有效的方式，因为没有一种安排是十全十美的，每种安排都有缺点和优点，这取决于如何应用。每种服务的有效提供方式不止一种。表中公共部门仅指政府公共部门。

　　资料来源：〔美〕E. S. 萨瓦斯：《民营化与公私部门的伙伴关系》，中国人民大学出版社，2003，第 70 页。

---

① 李政：《公共教育服务体系的理论研究》，载北京教育科学研究院教育发展研究中心编《构建首都现代化公共教育服务体系研究专项成果汇编》，2009，第 12 页。

表5　被用于提供教育服务的制度安排及典型案例

制度安排	典型服务范围
政府服务	传统公立中小学系统
政府出售	地方公立中小学接受外区学生，由父母付费
政府间协议	学生到邻近的城镇去上学，送出学生的城镇向接受学生的城镇付费
合同承包	政府雇佣私人企业负责学校的运营和维护、实施职业培训项目等
特许经营	
补助	私立学校因接收注册学员而接受政府补助
凭单	中小学学费凭单，大学中的退伍军人福利
自由市场	私立学校
志愿服务	教区学校
自我服务	家庭教育

资料来源：〔美〕E. S. 萨瓦斯：《民营化与公私部门的伙伴关系》，中国人民大学出版社，2003，第88页。

第三种认识，认为二者体现了政府在提供公共教育服务上的能力差异。尽管政府充分发挥其公共服务的职能对于促进整个社会公平正义具有重要意义，但是另一方面，也有研究认为在这方面必须采取现实主义的态度，即政府的作用必须与其能力（资源）相适应，以提高其有效性和公共资源使用的效率，"机构能力弱的政府应集中精力，提供那些市场不能提供（以及自愿性集体举措提供不充分）的纯粹公共物品与服务，提供那些能产生巨大的积极的外部影响的物品与服务，如财产权、安全的饮用水、道路和基础教育"①（见图2）。显然，如从政府承担公共服务的能力来看，在既定的时空条件下，政府所承担的公共服务责任是有限并有优先次序的。因此，所谓的"基本公共教育服务"是"公共教育服务体系"的重要组成部分，是政府提供的所有公共教育服务中，政府必须最优先提供并且能够保障的基础性公共服务。由

---

① 世界银行编《1997年世界发展报告：变革世界中的政府》，中国财政经济出版社，1997，第40页。

于"作用和能力相适应是一个动态的过程",因而在不同地区、不同发展水平以及政府管制水平下,"基本公共教育服务体系"的实践指向也不尽相同。

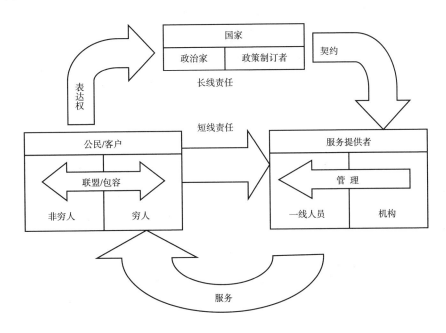

图 2 2004 年世界发展报告有关提供有效公共服务的观点

注:世界银行的研究显示,公共服务在机会获取、数量和质量上屡屡让穷人感到失望。这种失望看起来也许不像金融危机那样令人震撼,但其影响趋势是持续并不断加深的。要改善服务提供的质量就必须进行制度改革,强化政策制订者、服务提供者和公民之间的责任关系。而从世界银行的经验来看,公共教育服务惠及穷人的方式是:(1)基本服务:提供免费的义务教育;(2)较好水平的服务:政府补贴、贷款并且加以政策引导;(3)优质服务:政府重点资助学业优异者。

资料来源:世界银行编《2004 年世界发展报告:让服务惠及穷人》,中国财政经济出版社,2004,第 49 页。

简言之,人们对于教育作为公共产品或公共服务性质的不同认识以及对政府在公共服务提供过程中的责任和能力的不同认识,将直接影响人们对"公共教育服务体系"与"基本公共教育服务体系"的定义。从公共服务发展的整体趋势来看,"基本公共教育服务体系"无疑是"公共教育服务体系"最基础、最重要、最核心的部分，但二者也是不断发展的概念和动态调整的过程。以我国的"基本公共教育服务体系"建设为例，原来主要是指九年义务教育。而2012年7月颁布的《国家基本公共服务体系"十二五"规划》除了对义务教育领域做出部署之外，还将学前教育、高中阶段教育、特殊教育等领域的某些项目（内容）纳入其中，拓展了"基本公共教育服务"的传统定义。2017年颁布的《"十三五"推进基本公共服务均等化规划》，则更加明确地提出"基本公共服务是由政府主导、保障全体公民生存和发展基本需要、与经济社会发展水平相适应的公共服务"，并进而从义务教育、高中阶段教育、普惠性学前教育、继续教育四个方面提出了若干服务项目。这些政策实践充分反映了"公共教育服务体系"与"基本公共教育服务体系"概念动态变化的特征。

（二）"公共教育服务体系"与"公共教育体系"

在我国的一些媒体上，人们经常看到类似"将农民工随迁子女教育纳入公共教育体系"[1] 这样的标题，但这里所说的"公共教育体系"是否就是人们所说的"公共教育服务体系"呢？换句话说，"公共教育服务体系"是不是就是"公共教育体系"的同义词？建立健全公共教育服务体系是不是就是要继续做大做强公立教育体系？显然，要明晰公共教育服务体系的概念，还必须进一步明确"公共教育服务体系"与"公共教育体系"概念之间的区别与联系。

一般而言，公共教育体系或公共教育体制是"以提供公共教育服务为目的、以政府责任为主要推动力、以公立学校为主要实施机构的一

---

① 邓红阳：《河南农民工随迁子女教育纳入公共教育体系》，《法制日报》2010年6月9日。

种定型化的教育制度"①，它亦可称为公立学校系统，它往往对应的是私立教育体系。而公共教育服务体系概念的提出，如上所述，显然与改革开放以来我国政府改革、强化公共服务职能的进程息息相关。因此必须从"公共服务"概念本身表达的关系中去理解"公共教育服务体系"的内涵。

而目前无论是从对公共服务概念的学术理解，即"公共服务是以政府等公共部门为主提供的，满足社会公共需求、供全体公民共同消费与平等享用的公共产品和服务"②，还是从官方定义，即"公共服务是指由公共部门（包括政府部门和一些非政府组织等社会力量）提供的满足全社会或某一类社会群体共同需要的服务，具有公众性、公用性和公益性。其范围不仅涵盖了所有的政府公共管理活动，也几乎涉及所有的社会生活"③ 来看，公共教育服务体系都是以满足社会公共教育需求为导向，具有普惠、公平、动态发展等特征的一系列的教育制度安排，不仅包括相关的公立学校系统及其相互关系，还包括一系列旨在提高公共教育需求满足能力的制度及运行机制。从这个意义上讲，公共教育体系或公共教育体制的确是公共教育服务体系的重要支撑，甚至是主要支柱，但显然不是公共教育服务体系的全部内容，公共教育服务体系有着更加丰富的内涵。实际上，无论是有关公共产品和公共服务的理论研究，还是当前世界各国的相关实践，目前越来越多的共识是：世界上任何国家的政府都无法用财政经费来直接、充分满足所有的公共需求，必

---

① 劳凯声：《教育体制改革与改革伦理问题》，《首都师范大学学报》（社会科学版）2011 年第 4 期。
② 国家行政学院课题组：《关于公共服务体系和服务性政府建设的几个问题》，《国家行政学院学报》，2008 年第 4～5 期。
③ 北京市发展和改革委员会：《北京市"十一五"时期社会公共服务发展规划》（京政发〔2006〕36 号），北京市人民政府官网，http://www.beijing.gov.cn/zfzx/ghxx/sywgh/t685229.htm。

须要有非政府的机构（资源）参与公共产品特别是准公共产品的提供。① 同样，公共教育服务体系是以满足社会公共教育需求为导向的教育制度安排，它除了包括通过政府投资建立公共教育体系满足公众需求之外，还包括根据教育服务的性质，建立多元化的资源筹措和配置机制，例如，通过市场化、竞争性机制引入新资源，缓解公共教育服务供给不足或水平不高等问题。

简言之，当前要妥善解决我国教育改革与发展中的一些重要问题，例如进城务工农民随迁子女教育、幼儿园入园难、普及高中阶段教育等问题，除了"继续做大做强公立教育体系"的惯性思路外，还可以在"建立健全公共教育服务体系"的目标下，特别是在进一步明确各级政府在各类公共教育服务中的责任的前提下，鼓励各地在公共教育服务提供方式等方面做创新性探索，例如通过购买服务、合约委托等方式，打破公共教育服务提供模式上公办教育机构的垄断格局。换言之，建立健全公共教育服务体系具有历史和价值尺度，主要目的是建立适应社会主义市场经济体制的充满活力的现代教育体制。

（三）"公共教育服务体系"与"教育公共服务体系"

"公共教育服务"与"教育公共服务"这两个概念或术语在我国教育政策领域混用的现象非常普遍。2011 年通过 CNKI 检索（2011 年 3 月 7 日），以"公共教育服务体系"为名的文章仅有 2 篇，而以"教育公共服务体系"为名的文章则有 57 篇。通过"GOOGLE 学术检索"搜索"公共教育服务体系"关键词，共有 38 条相关记录，而以"教育公共服务体系"为关键词的检索则有 308 条相关记录。6 年之后，通过CNKI 检索（2017 年 11 月 6 日），以"公共教育服务体系"为名的文章

---

① 世界银行编《1997 年世界发展报告：变革世界中的政府》，中国财政经济出版社，1997，第 19~29 页。

有 27 篇，而以"教育公共服务体系"为名的文章有 170 篇。通过"百度学术检索"搜索"公共教育服务体系"关键词，共有 89 条相关记录，而以"教育公共服务体系"为关键词的检索则有 468 条相关记录。这在很大程度上说明，一方面在当前我国的政策研究领域中，人们对于公共教育服务体系（或教育公共服务体系）问题的重视程度在不断增强；另一方面则说明人们使用"教育公共服务体系"术语的概率，要高于使用"公共教育服务体系"术语的概率。那么二者之间究竟有没有区别呢？或者说它们的异同究竟有哪些呢？

首先，按照形式逻辑"种加属差"的定义方式来分析，二者存在定义方式的差异。可以看出，在使用"教育公共服务体系"时，人们实际上用的是"教育即公共服务"的含义，即将"公共服务体系"作为上位概念，将教育服务作为公共服务的外延，与"医疗公共服务""就业公共服务"等其他公共服务做类型区分。在此情况下，"公共服务体系"的内涵决定着"教育公共服务体系"的内涵。而在使用"公共教育服务体系"时，人们将"教育服务体系"作为上位概念，将教育服务体系分为"公共的"和"非公共的"甚至是"私立的"，"公共教育服务体系"主要与"非公共教育服务体系"或"私立教育服务体系"相对应。

其次，从概念的实际应用情况来看，"教育公共服务体系"的使用多样弹性，而"公共教育服务体系"的使用则相对封闭独立。从目前的相关研究和政策文本中可以看出，一般而言，在"教育公共服务体系"前面加限定词的情况比较普遍，例如"网络教育公共服务体系""远程教育公共服务体系""高等教育公共服务体系"。相对而言，在"公共教育服务体系"的前面加限定词的情况不多，主要是一些与范围和程度等相关的限定词，例如"基本公共教育服务体系""高水平的公共教育服务体系""面向农村的公共教育服务体系"等。

再次，从概念的使用语境来分析，"教育公共服务体系"的使用更多地具有外部指向性，而"公共教育服务体系"的使用则多指向教育内部。"教育公共服务体系"的使用，通常与其他公共服务体系，例如"卫生公共服务体系""住房公共服务体系"等相并列，主要强调其作为"公共服务"的相同属性，而"公共教育服务体系"，则主要强调"教育服务体系"内部的分类及其差别，例如"基本公共教育服务体系"和"非基本公共教育服务体系"的异同等。

简言之，"公共教育服务体系"与"教育公共服务体系"之间虽然有区别，但这种区别不是根本性和本质上的，它们的区别主要与人们使用概念的语境、表达的重点和应用习惯有关，在很多情况下，"公共教育服务体系"与"教育公共服务体系"具有同义性，都是指为满足公众对于教育服务的需求而建立起来的机构、制度以及运行机制。

三 "公共教育服务体系"概念特征的辨析

任何概念都要表达特定的关系。要明晰公共教育服务体系的概念，就必须要明确公共教育服务体系概念所具有的一些特征。从上述分析以及我国教育改革发展实践来看，"公共教育服务体系"概念的提出具有以下特征。

第一，主要针对中国教育改革发展实际。尽管在国外有关公共产品或政府公共服务职能的研究比较丰富，对于教育产品属性的讨论也很深入，但严格来说，在英语教育政策文本或相关研究中很少有人使用"公共教育服务体系"这个概念。例如，"公共教育服务体系""基本公共教育服务体系"在我国翻译成英文时一般被直译为"public education service system"和"the basic public education service system"。但检索英文版的维基百科，可以发现这些名词并没有专门的记录。通过"Google

学术检索"搜索"public education service system"关键词，虽然有十多条相关记录，但几乎都是我国相关学者研究成果的英文摘要译文，没有发现英美学者使用这一概念或术语。同时，进一步的研究也显示，"公共教育服务体系"的上位概念"公共服务体系"的界定其实也并不多。① 这在很大程度上说明，"公共教育服务体系"包括"基本公共教育服务体系"是我国特有的教育政策概念，其指向与我国教育改革发展实践密切相关，必须与解决我国教育改革与发展面临的一些突出矛盾或问题紧密联系起来。

第二，突出强调教育体制机制改革的目标导向。如上所述，公共教育服务体系概念的提出，与 21 世纪以来我国政治经济社会发展的宏观背景密切相关，甚至可以说是改革开放以来我国政府改革的逻辑在教育领域的延伸与扩展，因此必须从"公共服务"概念本身表达的关系中理解"公共教育服务体系"的内涵。从公共服务领域改革的国际趋势来看，任何国家都无法由财政经费来直接、充分满足所有的公共需求，必须要有非政府机构和资源参与公共产品特别是准公共产品的提供。同样，从教育政策领域的相关研究来看，当前世界许多发达国家除了通过政府投资建立公共教育体系来满足公众需求之外，还往往根据教育服务的性质，建立多元化的筹资和分配机制，通过市场机制引入新的资源和公共教育服务提供者，缓解公共教育投入不足、提高公共教育服务水平。从这个意义上讲，当前我国建立健全"公共教育服务体系"具有深化教育体制改革的鲜明的目标导向，其根本目的就是要摆脱计划经济体制下我国教育体制形成的弊端，通过深化教育体制机制改革，建立适应时代要求和社会主义市场经济体制的公平优质、开放创新、充满活力的教育体制机制，促进我国公共教育服务水平快速提高，为实现"完

---

① 国家行政学院课题组：《关于公共服务体系和服务型政府建设的几个问题》，《国家行政学院学报》2008 年第 4~5 期。

善和发展中国特色社会主义制度、推进国家治理体系和治理能力现代
化"这一全面深化改革总目标服务。也正因如此,可以看到2017年9
月中共中央办公厅、国务院办公厅印发《关于深化教育体制机制改革
的意见》明确提出我国深化教育体制机制改革的指导思想就是"四个
服务",主要目标是"形成充满活力、富有效率、更加开放、有利于科
学发展的教育体制机制"(见表6)。

表6 中办国办印发《关于深化教育体制机制改革的意见》摘要

> 　　深化教育体制机制改革的指导思想是:全面贯彻党的教育方针,坚持教育为人民服务、为中国共产党治国理政服务、为巩固和发展中国特色社会主义制度服务、为改革开放和社会主义现代化建设服务,全面深化教育综合改革,全面实施素质教育,全面落实立德树人根本任务,系统推进育人方式、办学模式、管理体制、保障机制改革,使各级各类教育更加符合教育规律、更加符合人才成长规律、更能促进人的全面发展,着力培养德智体美全面发展的社会主义建设者和接班人,为实现"两个一百年"奋斗目标、实现中华民族伟大复兴的中国梦奠定坚实基础。
> 　　深化教育体制机制改革的基本原则是:(一)坚持扎根中国与融通中外相结合。(二)坚持目标导向与问题导向相结合。(三)坚持放管服相结合。(四)坚持顶层设计与基层探索相结合。
> 　　深化教育体制机制改革的主要目标是:到2020年,教育基础性制度体系基本建立,形成充满活力、富有效率、更加开放、有利于科学发展的教育体制机制,人民群众关心的教育热点难点问题进一步缓解,政府依法宏观管理、学校依法自主办学、社会有序参与、各方合力推进的格局更加完善,为发展具有中国特色、世界水平的现代教育提供制度支撑。

　　资料来源:中共中央办公厅　国务院办公厅印发《关于深化教育体制机制改革的意见》,
http://www.gov.cn/xinwen/2017-09/24/content_5227267.htm。

　　第三,反映系统提升公共教育服务水平的迫切要求。在我国,教育
从计划经济体制下的"上层建筑",到市场化改革阶段强调的"产业"
或"商品",再到为促进社会公平必须提供的"公共服务",有关教育
属性的不同认识可以说反映了政府对教育发展规律认识的不断深化。但
是,如果说"公共教育服务"理念更多地体现在价值引领或理性认识
层面的提高的话,那么"公共教育服务体系"概念的提出则更多地指
向实践改变,是指以"公共教育服务"理念为指导的、具有系统性的

制度改进和建设。"体系"一词强调或凸显了这一进程需要"系统推进"的内在特征,即它是"若干有关事物或某些意识互相联系而构成的一个整体"或"同类事物按一定的关系组成的整体"①。换言之,"建立健全公共教育服务体系"绝不是孤立单一、"碎片化"的政策举措,而是一个需要立足实际,做好顶层设计,将自上而下的推动和自下而上的创新有机结合的系统工程。也正因如此,《关于深化教育体制机制改革的意见》在深化教育体制机制改革的指导思想中就明确提出要"系统推进育人方式、办学模式、管理体制、保障机制改革,使各级各类教育更加符合教育规律、更加符合人才成长规律、更能促进人的全面发展"(见表6)。

第四,凸显国家(政府)发展教育的主要责任。可以说,"公共教育服务体系"概念的提出,与改革开放以来我国教育普及程度迅速提高带来的一系列挑战密切相关,其核心问题是如何在新的形势下,强化国家(政府)的教育责任,尤其是更好地发挥政府在公共教育服务供给中的主导作用。按照教育经济学关于教育产品属性及对国家(政府)教育责任的基本认识,教育服务可以分为"公共教育服务"和"非公共教育服务","公共教育服务"又可以分为"基本公共教育服务"和"非基本公共教育服务"两类。与此相一致,"公共教育服务体系"也可以进一步分为"基本公共教育服务体系"和"非基本公共教育服务体系"。政府在"基本公共教育服务体系"和"非基本公共教育服务体系"建设中具有不同的责任和政策选择空间。例如,从法律责任来看,前者是政府必须提供的、所有适龄儿童有权享受的最低限度的公共教育服务,而后者是政府有责任发展、公民个人有权利选择享受或不享受的公共教育服务;从提供者来看,前者主要由政府设立的公共教育机构提

---

① 中国社会科学院语言研究所词典编辑室编《现代汉语词典》,商务印书馆,1998,第1240、1352页。

供，而后者则由包括公共教育机构在内的多种机构提供；从提供的内容来看，前者主要是基础性的国民教育，而后者则既包括普通教育，也包括职业技术教育、成人教育；从获取方式来看，前者主要是免费获取，而后者则多采用成本分担机制，公民个人需要承担相应的成本。

四　建设中国特色现代化公共教育服务体系的思考

综上，本书认为"公共教育服务体系"主要是指与特定的社会经济发展水平相适应，以促进社会公平正义为目的，以满足公共教育需求为根本任务，以政府提供公共产品性质的教育服务为载体的系统的制度安排。"基本公共教育服务体系"主要是指与政府优先提供或保障的全民平等享有的最低水平的公共教育服务相关的制度安排。"基本公共教育服务体系"之外的公共教育服务制度安排，可以统称为"非基本公共教育服务体系"。"基本公共教育服务体系"与"非基本公共教育服务体系"的划分具有相对性，往往与经济社会发展水平、政府对教育属性的认识、教育发展优先议程的确立等因素密切相关。

建立健全公共服务体系是一个世界性的课题，发达国家普遍重视公共服务体系建设，逐步形成了具有本国特色的公共服务体系。[①] 建立现代化公共教育服务体系是我国建设教育强国、推进中国特色社会主义现代化的基础性工程，也是一个长期的历史进程和系统工程，它既有自己的历史发展轨迹，也有与时俱进的新内涵。当前，随着我国教育改革进入深水区和攻坚阶段，破解深层次矛盾和问题的难度日益增加，建立健全公共教育服务体系的任务也越来越繁重，"用系统思维、全局意识和

---

① 国家行政学院课题组：《关于公共服务体系和服务型政府建设的几个问题》，《国家行政学院学报》2008 年第 4～5 期。

全球视野认识改革，用普遍联系观点设计改革，用统筹兼顾办法推进改革，进一步增强改革的系统性、整体性、协同性"[①] 已成为深化建设中国特色现代化公共教育服务体系的客观要求。

（一）建设中国特色现代化公共教育服务体系必须坚持以马克思主义教育观为统领

公共教育服务体系的核心是对国家（政府）教育发展责任的确立和凸显。我国的公共教育服务体系建设，归根结底是中国特色社会主义教育现代化建设特别是教育治理体系与治理能力现代化的主要内容，与国家治理体系与治理能力现代化进程息息相关。"实际上，怎样治理社会主义这样全新的社会，在以往的世界社会主义中没有解决得很好。马克思、恩格斯没有遇到全面治理一个社会主义国家的实践，他们关于未来社会的原理很多是预测性的；列宁在俄国十月革命后不久就过世了，没有来得及深入探索这个问题；苏联在这个问题上进行了探索，取得了一些实践经验，但也犯下了严重错误，没有解决这个问题。"[②] 这就充分说明，当前我国提出的国家治理体系和治理能力现代化命题是对马克思主义国家学说的当代继承和发展，它的核心要义就是立足实际、与时俱进地科学回答社会主义社会的治理问题，进一步丰富和发展社会主义现代化理论[③]，因此它的指导思想和基本原则就必然是马克思主义的基本原理，与任何形形色色的西方资本主义社会的社会治理理论有着本质区别。其实，从马克思主义基本理论出发，教育现代化也是一个不断深化和发展的过程，其根本要求是实现教育与经济社会的协调发展，为促

---

① 《教育部关于 2013 年深化教育领域综合改革的意见》，中华人民共和国教育部官网，http://www.moe.gov.cn/publicfiles/business/htmlfiles/moe/s7229/201303/148072.html。

② 《习近平谈治国理政》，外文出版社，2014，第 91 页。

③ 孙乐强：《马克思主义国家学说的当代发展——基于国家治理体系和治理能力现代化的分析》，《思想理论研究》2015 年第 7 期。

进人的全面发展不断创造有利条件。这一特征集中体现在马克思对于教育的历史性和阶级性所做的科学论断上，即"一方面，为了建立正确的教育制度，需要改变社会条件，另一方面，为了改变社会条件，又需要相应的教育制度；因此我们应该从现实情况出发"①。概言之，我国积极推进公共教育服务体系建设的基本要求，就是要坚持以马克思主义教育观为统领，坚持用历史唯物主义和辩证唯物主义的基本原理分析我国现存的教育现象，既要充分认识社会关系对教育性质的决定性作用，看到我国公共教育服务体系具有的社会主义性质，同时也要准确把握公共教育服务体系对社会关系的制约作用，清醒地认识社会主义初级阶段我国教育发展中存在的区域差距、城乡差距、校际差距特别是群体差距问题，通过积极推进公共教育服务体系的现代化，阻断贫困代际传递②，"畅通农村和贫困地区学子纵向流动的渠道，让每个人都有机会通过教育改变自身命运"③，实现更加公平、更高质量、更可持续的经济社会发展。

（二）建设中国特色现代化公共教育服务体系必须以完善和发展中国特色社会主义教育制度为根本方向

"中国共产党的领导是中国特色社会主义最本质的特征"④"国家治理体系是在党领导下管理国家的制度体系""坚持把完善和发展中国特色社会主义制度，推进国家治理体系和治理能力现代化作为全面深化改

---

① 《马克思恩格斯论教育》，人民教育出版社，1979，第 314 页。
② 《习近平给"国培计划（二〇一四）"北师大贵州研修班参训教师回信》，《人民日报》2015 年 3 月 17 日。
③ 李克强：《政府工作报告——2015 年 3 月 5 日在第十二届全国人民代表大会第三次会议上》，《人民日报》2015 年 9 月 10 日。
④ 闻言：《党的领导是中国特色社会主义最本质的特征——纪念中国共产党成立 95 周年》，《人民日报》2016 年 6 月 23 日。

革的总目标"①。党的十八大以来，我国全面深化改革的突出特征之一
就是把制度建设摆在突出位置，强调要"构建系统完备、科学规范、
运行有效的制度体系，使各方面制度更加成熟更加定型，为夺取中国特
色社会主义新胜利提供更加有效的制度保障"②。这说明推进我国教育
体制机制改革的立足点与最终归宿，都是进一步完善和发展中国特色社
会主义教育制度。因此，能否在新的形势下更好地贯彻党的教育方针，
促进教育为人民服务、为中国共产党治国理政服务、为巩固和发展中国
特色社会主义制度服务、为改革开放和社会主义现代化建设服务，就成
为判断各项教育改革，包括建立健全公共教育服务体系的努力是否把握
正确方向的关键所在。同时，也要求我们立足社会发展的阶段性特征，
聚焦实现教育现代化发展目标，进一步把加快形成全社会共同参与的教
育治理格局作为教育改革的主要标志，切实落实十九大有关教育的战略
部署，形成在党的全面领导下，政府、学校、社会组织、利益相关者依
法共同参与教育治理的制度保障，实现教育的法治化、制度化、规
范化。

（三）建设中国特色现代化公共教育服务体系必须与解决人民
群众关心的教育热点难点问题有机结合

"人民对美好生活的向往，就是我们的奋斗目标。"③ 国家治理体系
和治理能力现代化的目标任务是由我国发展中出现的问题倒逼产生的，
因此，它需要在解决人民群众关注的一个个具体问题中不断深化。十八
大以来，我国教育改革持续深入推进，围绕入学（园）难、择校、减

---

① 《习近平谈治国理政》，外文出版社，2014，第91页。
② 习近平：《紧紧围绕坚持和发展中国特色社会主义学习宣传贯彻党的十八大精神》，《人民
　　日报》2012年11月17日。
③ 《习近平谈治国理政》，外文出版社，2014，第3页。

负、义务教育均衡发展等人民群众最关心、最直接、最现实的教育利益问题，各级政府出台了一系列改革举措，既在解决一些"老大难"问题上取得了积极进展，也在推进现代化公共教育服务体系建设方面取得了积极进展。以推进基本公共服务均衡化为例，通过推行"学区制""取消共建入学方式""取消特长生入学方式"等措施，我国许多城市义务教育阶段"免试就近入学"制度进一步巩固，入学办法更加公平、规范和透明，以规范管理推进公共教育服务体系建设的趋势进一步凸显；再例如，通过推进政府"购买社会服务"，鼓励支持高校、科研机构和社会力量参与中小学发展工作，同时推行集团化办学、名校办分校、九年一贯制学校建设等措施，教育改革的"帕累托改进"效应逐渐显现，优质教育资源覆盖范围持续扩大，以体制改革促进公共教育服务体系建设的趋势进一步凸显；还例如，通过建立优质高中部分招生指标计划分配机制、完善中小学校学生学籍管理办法等举措，义务教育均衡化长效机制日渐形成，以制度创新促进公共教育服务体系建设的趋势进一步凸显。简言之，这些积极进展既是建设中国特色现代化公共教育服务体系的重要成果，又为进一步深化相关改革奠定了坚实基础。

（四）建设中国特色现代化公共教育服务体系必须强化重点领域和关键环节改革

建设中国特色现代化公共教育服务体系是个系统工程。完备权威的教育法律体系、规范有效的政府治理体制、自主公平的学校运行模式、多元民主的社会参与机制，都是其核心要素和改革攻坚的着力点。同时，它又是一个历史进程，不可能一蹴而就，需要与国家治理体系和治理能力现代化建设总体进程相协调，坚持"加强顶层设计和摸着石头过河相结合，整体推进和重点突破相促进"。特别是当前和未来较长一段时间，随着有关中国特色社会主义进入新时代、我国社会主要矛盾已经转化的重大判断的提出，强化重点领域和关键环节改革已经成为建设中国特色现代化公共教育服务体系的当务之急。具体而言，就是要落实全国教育大会精神，积极对接国家现代化建设的总体部署，保持"以改革促发展、以开放促发展"的战略定力，按照"简政放权、放管结合、优化服务"的总体要求，深入推进教育领域的"管办评分离"改革，落实"扩大省级政府教育统筹权"战略部署，鼓励地方和学校的创新实践，将推进教育治理体系与治理能力现代化作为建设现代化公共教育服务体系的核心，努力形成"政府宏观管理、学校自主办学、社会广泛参与"的教育发展格局。

（五）建设中国特色现代化公共教育服务体系必须努力实现与其他领域改革的协调同步

"更加注重改革的系统性、整体性、协同性"[1] 是新时期全面深化改革的客观要求。当前我国教育改革已经进入攻坚期和深水区，由于改革举措越来越多地涉及既有利益格局的调整、发展方式的转变、价值观念的冲突，越来越多地涉及各级政府以及多个部门职责，越来越多地涉及与其他社会领域改革的协调配合，因此，扭转改革"部门化""碎片化""短期化"倾向，努力实现与其他领域改革的协调同步已成为建设中国特色现代化公共教育服务体系的迫切要求。例如，围绕教育领域的"简政放权"问题，有学校校长就曾指出："现在的情况已经与1990年以前完全不同了。那个时候的放权，是指教育行政部门放权给学校，而现在，在许多本来学校应该拥有的权力上，不仅学校没有了决定权，连教育行政部门也没有多少发言权，大都被人事、财政、发改等部门收去了，所以，在许多方面，教育部门已经无权可放，必须从政府层面认真

---

[1] 《习近平谈治国理政》，外文出版社，2014，第68页。

排查梳理，把真正应该还给学校的权力交出来。"① 特别需要指出的是，根据党的十九大的战略部署，紧扣我国社会主要矛盾变化，统筹推进科教兴国战略、人才强国战略、创新驱动发展战略、乡村振兴战略、区域协调发展战略、可持续发展战略、军民融合发展战略已经成为我国经济社会发展的重大战略部署。因此，发挥中国特色社会主义的制度优势，克服现行管理体制下区域间教育投入保障能力差距显著，区域间、城乡间公共教育服务水平差距较大的问题，探索建立跨行政区划的教育协同发展机制，推进基本公共教育服务均衡化是当前建设中国特色现代化公共教育服务体系面临的紧迫任务。

总之，"公共教育服务体系"概念的提出及实践推进对我国教育现代化进程具有重要影响，它既是教育体制机制改革的主要成果，也是新时期进一步深化教育体制机制改革的重要目标，展现了与世界教育发展日益相同的趋势，对于我国建设教育强国具有重大战略意义。同时，作为中国特色社会主义教育现代化的重要内容，现代化公共教育服务体系建设是没有现成经验或方案可以照搬的全新事业，因而必定是一个需要立足实际，做好顶层设计，将自上而下的推动和自下而上的创新有机结合的系统工程。

---

① 俞水、易鑫：《推进教育治理体系和治理能力现代化》，《中国教育报》2013 年 12 月 5 日。

第二章
国家教育现代化进程与公共教育
服务体系建设

　　教育现代化是国家现代化的重要内容，国家现代化进程必然对教育现代化进程，包括公共教育服务体系建设产生影响。有鉴于此，从历史发展的视角，在国家教育现代化的宏观视野下审视我国公共教育服务体系建设的进程和阶段性特征，对于明确当前我国公共教育服务体系建设的历史方位，特别是进一步明确公共教育服务体系建设在我国教育现代化全局中的作用具有重要意义。

一　中国教育现代化进程概览

　　作为具有悠久历史和灿烂文化的文明古国，中国拥有悠久的教育发展传统。中国教育现代化进程是从清末开始的，与国家的现代化问题息息相关，并将现代化的公共教育服务体系建设作为教育现代化的主要内容。纵观历史，可以说中国的教育现代化从发轫至今大致经历了以下三个阶段。

（一）教育现代化的萌芽阶段（清末至20世纪40年代末）

　　总体而言，中国的教育现代化进程在清末开始，当时国家面临

"三千年未有之大变局",传统教育不断被解构,在"西学东渐"的影响下现代化因素不断增加而逐渐发轫的。这一历史阶段从清末延续至20世纪40年代末,主要特征表现在以下三方面。

第一,从教育的外部环境来看,由于政治动荡和外敌入侵,教育的主权和民族独立性受到侵害。作为一个有着悠久历史和灿烂文化的文明古国,中国自隋唐以来逐渐形成了自身独特的以官学、私塾和科举制为主要支柱的教育体系。但是,到了清末,随着国力衰弱和外国势力的入侵,国家的教育的独立性和主权开始受到侵害。一方面,1840年鸦片战争以后,中国社会逐步向半殖民地半封建社会转化。帝国主义国家在对中国进行军事、政治、经济侵略的同时,利用从中国掠夺的大量赔款中的一小部分和教会的力量来举办西方新式学校,积极进行文化渗透和影响。[①] 另一方面,在农村封建私塾大量存在。而在1927年国民党政府统治大半个中国以后,又推行了适应半殖民地半封建性社会性质,特别是官僚资本政治经济文化制度的"党化"教育。因此,尽管在当时的历史条件下,各种力量开办的一些新式学校客观上对丰富民族文化和培育人才起了积极作用,甚至出现了一些具有先进思想的现代革命家,但是由于受整体的社会环境所限,新中国成立前我国的教育具有半殖民地半封建性(见表7)。

表7 1928年东北大学之办学方针

东北大学始建于1923年4月26日。1928年8月至1937年1月,著名爱国将领张学良将军兼任校长。当时东北大学的办学宗旨很明确:"研究高深学术,培养专门人才,应社会之需要,谋文化之发展。"1933年,张学良在赴欧洲考察之前,与东北军部下和地方长官研究收复东北,商议还乡大计时,进一步把东北大学的办学宗旨明为:"培养实用人才,建设新东北,促进国家现代化,消弭邻邦的野心"。

资料来源:李鹤、刘汝萍、王国钧:《张学良的爱国思想与东北大学的光荣传统》,《东北大学学报》(社会科学版),2003年第2期。

---

① 何东昌:《当代中国教育(上)》,当代中国出版社,1996,第4页。

　　第二，从教育思想来看，对中国传统教育思想的批判日益深入，以"西学"为载体的现代教育思想开始渗透到教育领域并且影响日渐增大。"中国近代正是在中西文化的撞击交融下向前推进的。作为异质文化，西学实际上充当了中国教育从传统走向现代化的催化剂。"① 在这个阶段，由于社会政治经济形势发生了重大变革，地主阶级的开明派、洋务派、资产阶级改良派、革命派等政治力量，在引进、学习和传播西方自然科学、哲学、宗教、资产阶级民主思想等内容的同时，先后对以儒家为主线的具有伦理政治色彩的中国传统教育进行了深刻的批判和反思，他们当中的很多人甚至想通过对传统教育的批判和改造，实现对中国社会的改造。特别是 1919 年的"五四运动"以后，在救亡图存的时代主题下，中国先进知识分子群体对中国传统教育的批判和对"新教育"的向往更加强烈，陈独秀、李大钊、胡适、鲁迅等人都不同程度地分析了中西文化教育差异，提倡国民性改造和独立人格的培养。从教育思想的演化来看，这个阶段产生重要影响的思想及思潮主要有以杜威思想为核心的实用主义教育理论，梁漱溟等人倡导的通过复兴传统来提高中国教育现代性的教育思潮，特别是马克思主义和中国共产党新民主主义教育纲领产生了较大影响。总之，尽管这一阶段由于政治动荡和外敌入侵，教育发展缓慢，但各类教育思想的碰撞非常激烈，它们不同程度地为中国教育现代化发挥了思想启蒙的作用。

　　第三，从教育制度层面来看，以封建科举为主体的传统教育制度逐渐被废止，以班级授课制和现代学制为基础的现代教育制度逐步确立。在内外交困的背景下，1896 年资产阶级维新派通过光绪皇帝在史称"百日维新"的政治改革中颁布了一大批有关教育的维新变法诏令，包括：废除八股，改革科举制度；参照日本和西方学制，在北京设立京师大学

---

① 丁刚：《历史与现实之间：中国教育传统的理论探索》，教育科学出版社，2002，第 155 页。

堂；筹办高等、中等、初等各级学堂和各种专门学堂；派人出国留学；建立译书局和编译学堂，编译外国教科书及其他书籍。① 这些改革措施反映了维新派发展资本主义教育的愿望，极大地动摇了以封建科举为主体的我国传统教育制度。戊戌变法失败后，民族危机进一步加深，为了挽救统治危机，清廷于 1901 年开始推行所谓的"新政"，陆续颁布了一些模仿发达国家特别是日本教育制度的改革措施，包括如下三个方面。

其一，1902 年和 1904 年分别公布"壬寅学制"和"癸卯学制"。这是中国近代史中最先制定的系统的学校制度，特别是"癸卯学制"是中国历史上第一个经过正式颁布并在全国范围内实际推行且具有现代特征的学制。其二，1905 年清廷下诏"立停科举以广学校"。乡、会试一律停止，各省岁科考试随之停止。至此，我国封建时代从公元 606年，即隋炀帝大业二年开始，共实行了 1300 年的科举制度终告废止，这标志着我国以封建科举为主体的传统教育制度从形式上宣告结束。其三，随着学校制度的颁行，1905 年清廷成立了学部，这成为管理学校教育事务的中央部门；1906 年在各省设立了提学使司，专管各省教育事务，同时在府厅州县设劝学所作为当地教育行政机构。从中央学部到各个具体的学区，形成了一套完整的管理全国教育的行政机构。尽管此后的民国年间，由于政治动荡和外敌入侵，教育宗旨、学制和行政管理制度历经多次改革，全国范围内也没有形成统一的教育体系，但以班级授课制和现代学制为基础的现代教育制度的规模和影响日渐扩大。

从教育事业发展的角度来看，在这一阶段我国的教育发展极其缓慢，学校分布很不平衡。中学大多数设在县城以上的城镇，农村很少。有的县无中学，有些区乡无小学。高等学校 40% 设在上海、北平、天津、南京、武汉、广州 6 个城市，40% 的国立大学、46% 的私立大学设

---

① 王炳照等：《简明中国教育史（修订本）》，北京师范大学出版社，1994，第 256 ~ 257 页。

在沿海地区。边远省份和少数民族地区学校很少。1946 年，新疆只有 1 所大学（100 人的新疆学院）和 8 所中学，宁夏只有 5 所中学，青海只有 4 所中学，西藏连 1 所中学、小学也没有。①

（二）教育现代化的启动阶段（20世纪50年代至70年代末）

随着 1949 年中华人民共和国的建立，以及"民族的、科学的、大众的文化教育"方针的确立，中国教育也实现了从半殖民地半封建教育向新民主主义和社会主义教育的根本转变，中国特色的社会主义教育现代化开始启动。这一历史阶段从 20 世纪 50 年代一直持续到 70 年代末，主要特征有如下三个方面。

第一，从教育的外部环境来看，随着计划经济体制的逐步确立，教育的国家化进程非常明显。新中国成立以后，随着一系列的社会改造的完成，特别是计划经济体制的逐步确立，我国形成了一种总体性的社会结构，其基本特征为社会的政治中心、意识形态中心、经济中心重合为一。由于国家与社会合为一体以及资源和权力的高度集中，国家几乎垄断了全部重要资源，使政府有很强的动员与组织能力。②与整个社会结构的变革相一致，随着教育领域内一系列改造活动的开展，各级各类学校成为具有计划经济体制特色的"单位"，政府成为各类教育服务的唯一提供者。可以说，虽然通过这种方式，政府将全国全部的教育机构组织起来，学校对国家和政府形成高度依赖性，国家意志能够得到有效的贯彻，但教育机构及其运行机制的僵硬、凝滞问题却日益突出。

第二，从教育思想来看，社会主义教育思想占据了主导地位。与中国政治、经济、社会、文化领域的变化一致，尽管这一阶段的我国教育

① 何东昌：《当代中国教育（上）》，当代中国出版社，1996，第 9 页。
② 孙立平等：《改革以来中国社会结构的变迁》，《中国社会科学》1994 年第 2 期。

实际上也可以分为"社会主义改造时期""全面建设社会主义时期""文化大革命"时期等不同历史时期，并且各时期在教育发展的指导思想上也存在一些不同要求，甚至出现过较长一段时间的"极左"错误指导思想，但整体而言这一历史阶段仍然是我国独立自主探索中国特色社会主义教育发展道路的重要历史时期。① 随着党的各级组织在教育系统普遍建立，意识形态问题备受重视，思想政治教育被摆在了突出地位，社会主义教育思想在我国教育发展中的主导地位逐步得到确立和巩固。

第三，从教育制度层面来看，门类齐全、结构完整的现代国民教育体系在我国逐步形成。1949 年以后，随着新中国的成立，教育事业进入快速发展的时期，特别是通过推广中共在革命根据地创造的教育发展模式和总结的发展经验以及学习借鉴苏联的教育发展经验，我国的学校制度以及各级各类教育的层次与类别结构都发生了巨大变化，到 1957 年我国基本上奠定了社会主义教育事业发展的基础。②

从我国教育发展的实践来看，新中国成立后在农村地区的教育发展中，例如扫盲教育中，革命根据地创造的经验得到了很大程度的运用。但在城市教育发展中，特别是在高等教育发展中，苏联的教育体系和发展经验影响深远。例如，针对解放初我国高等学校中私立大学和教会大学较多、文科较多、理工科短缺的状况，新中国成立后的前三年我国积极仿效苏联的教育体系，开展院系调整，取消了大部分的综合大学，大力举办专科院校与技术学院，推动高等教育地区的布局调整等。尽管如前所述，此后由于国际政治和我国政治形势的变化，对苏联的大规模仿效和系统学习很快结束，特别是在"文化大革命"时期，教育系统成

---

① 《正确看待改革开放前后两个历史时期——学习习近平总书记关于"两个不能否定"的重要论述》，《人民日报》2013 年 11 月 8 日。

② 郝克明主编《当代中国教育结构体系》，广东教育出版社，2001，第 71～157 页。

为重灾区，我国教育发展水平严重下降。但不可否认的是这一历史阶段，尤其是 1949~1965 年对苏联教育体系和教育发展经验的积极仿效和系统学习，在教育领域开展的大规模的基础性改造，对我国教育发展产生了长远的影响。

从教育事业发展的角度来看，"文革"前我国的教育事业取得了较大的进展。"学前教育、大中小学教育及成人教育初具规模，逐步形成全日制教育、业余教育、半工（农）半读教育共同发展的、比较完整的国民教育体系，大大提高了全民族的教育普及程度和文化水平，为经济建设和社会发展培养了大批专门人才"①，新中国教育发展的基本格局就是以此为基础并不断完善的。简言之，尽管这一阶段我国教育的发展道路非常曲折，但到 20 世纪 70 年代末我国已经基本建立了门类齐全、结构完整的社会主义国民教育体系。

（三）基本实现教育现代化阶段（20世纪70年代末至今）

从 20 世纪 70 年代末期开始，改革开放成为我国的基本国策，缩小与世界发达国家（地区）的发展差距成为国家现代化建设的迫切任务。特别是从 20 世纪 90 年代开始，建立社会主义市场经济体制的基本方针确立以后，我国积极应对全球化深入发展的趋势，深化经济体制改革，国民经济开始出现高速增长，市场化、工业化、城市化、国际化程度日益提高，经济社会发展对人才数量和质量的需求陡然增加，现代化建设对人才日益提高的需求与教育供给不足之间的矛盾成为我国教育发展面临的主要矛盾。这一切都迫使我国把深化教育体制改革，实现教育现代化作为国家教育发展的战略目标任务。

特别是 1993 年中共中央、国务院发布了《中国教育改革和发展规

---

①　中华人民共和国教育部编《共和国教育 50 年》，北京师范大学出版社，1999，第 231 页。

划纲要》，明确将"建立起比较成熟和完善的社会主义教育体系，实现教育的现代化"作为国家教育改革和发展的总目标，提出要"根据我国社会主义现代化建设'三步走'的战略部署，到本世纪末，我国教育发展的总目标是：全民受教育水平有明显提高；城乡劳动者的职前、职后教育有较大发展；各类专门人才的拥用量基本满足现代化建设的需要；形成具有中国特色的、面向 21 世纪的社会主义教育体系的基本框架。再经过几十年的努力，建立起比较成熟和完善的社会主义教育体系，实现教育的现代化"①。以此为始，教育现代化问题开始进入中国教育政策话语体系并日益成为我国教育改革发展的主流话语。2010 年颁布的《国家中长期教育改革和发展规划纲要（2010—2020 年)》，更是将"基本实现教育现代化，基本形成学习型社会，进入人力资源强国行列"作为国家到 2020 年的教育改革与发展总目标。概言之，这一阶段历时 40 年，主要特征有如下三个方面。

第一，从教育的外部环境来看，教育在经济社会发展中的战略优先地位得到确立和巩固。在结束了"文化大革命"带来的国家政治和教育发展的不稳定状态之后不久，在 1983 年 10 月中国改革开放的总设计师邓小平在北京景山学校成立 20 周年之际题写了"教育要面向现代化，面向世界，面向未来"的题词。这一教育发展战略思想的提出，其实质是要求全面准确认识教育在国家现代化建设进程中的重大战略地位，强调了在教育发展中积极借鉴世界各国教育发展经验的必要性，凸显了教育在经济社会发展中的全局性、基础性和根本性作用，突破了长期以来单纯强调教育的上层建筑属性而对教育发展形成的桎梏，对这一阶段的中国教育的改革发展事业产生了深远的影响。

特别是 1992 年中共十四大明确提出"科技进步、经济繁荣和社会

---

① 《中国教育改革和发展规划纲要》，中华人民共和国教育部官网，http://old.moe.gov.cn//publicfiles/business/htmlfiles/moe/moe_ 177/200407/2484.html。

发展，从根本上取决于提高劳动者的素质，培养大批人才。我们必须把教育摆在优先发展的战略地位，努力提高全民族的思想道德和科学文化水平，这是实现我国现代化的根本大计"。这不仅提出了教育优先发展的指导思想，而且将教育发展与国家现代化进程紧密地结合起来了。此后，随着"科教兴国战略""可持续发展战略""创新驱动发展战略"等国家战略的陆续提出，以及《教育法》《义务教育法》《教师法》等一揽子教育法律的颁布，教育优先发展的战略地位逐渐得到确立和巩固。同时，随着我国经济的快速发展、教育普及程度的日益提高、教育规模逐渐扩大，教育本身的现代化问题日益受到人们的重视，超前实现"国家基本现代化"发展目标，率先"基本实现教育现代化"开始成为我国在这一阶段明确提出的教育发展总目标。

第二，从教育思想来看，教育的生产力属性日益受到重视，努力提升教育对经济社会发展的贡献力成为我国教育发展的主要特征。从1978年开始，我国教育发展的主要指导思想开始从为以阶级斗争为中心的政治服务转变为为以经济建设为中心的社会主义现代化建设服务。

1980年，党的十一届五中全会明确提出，要不失时机地"确定适合国民经济发展需要的经济体制，确定适合国民经济发展需要的教育计划和教育体制"。党的十二届三中全会通过的《中共中央关于经济体制改革的决定》也提出，"科学技术和教育对国民经济的发展有极其重要的作用。随着经济体制的改革，科技体制和教育体制的改革越来越成为迫切需要解决的战略性任务"。在此背景下，1993年《中国教育改革和发展规划纲要》提出了这一时期的教育方针，即"教育必须为社会主义现代化建设，必须与生产劳动相结合，培养德、智、体全面发展的建设者和接班人"。1999年颁布的《中共中央国务院关于深化教育改革全面推进素质教育的决定》则开宗明义提出"当今世界，科学技术突飞猛进，知识经济已见端倪，国力竞争日趋激烈。教育在综合国力的形成中处于基础地位，国力的强弱越来越取决于劳动者的素质，取决于各类人才的质量和数量，这对于培养和造就我国二十一世纪的一代新人提出了更加迫切的要求"，因此要"全面推进素质教育，培养适应二十一世纪现代化建设需要的社会主义新人"[①]。

总体而言，从1978年我国改革开放事业启动到20世纪末，我国经济社会取得了巨大的进步，人民生活水平普遍有了大幅度的提高。但是，城乡二元经济结构没有根本改变，地区差距扩大的趋势尚未扭转，城乡和区域差距过大仍然是21世纪初我国经济社会发展最为突出的问题之一。有研究甚至认为，当时我国真实的国情可以概括为两个基本特点，即"一个中国，四个世界"和"一个中国，四种社会"。[②] 区域经济社会发展的不均衡也直接对区域教育发展状况产生了深远的影响，并使教育发展也呈现出区域不均衡，甚至差距扩大的特征（见表8～表10）。[③]

表8　第三、四、五次人口普查六省市人均受教育年限（6岁及以上人口）

单位：年

地区	1982	1990	2000
北京	7.72	8.63	9.99
天津	7.02	7.85	8.99
上海	7.62	8.21	9.3
浙江	5.18	6.1	7.46
江苏	5.21	6.42	7.85
广东	5.71	6.67	8.07

资料来源：全国第三、四、五次人口普查数据。

---

① 《中共中央国务院关于深化教育改革，全面推进素质教育的决定》，中华人民共和国教育部官网，http://old.moe.gov.cn/publicfiles/business/htmlfiles/moe/moe_177/200407/2478.html。

② 胡鞍钢等：《中国的长远未来与知识发展战略》，《中国社会科学》2003年第2期。

③ 张振助：《高等教育与区域互动发展研究——中国的实证分析及策略选择》，《教育发展研究》2003年第9期。

表 9　第四、五次人口普查六省市每十万人拥有受教育程度人口

单位：人

地区	大专及以上		高中		初中		小学	
	2000 年	1990 年	2000 年	1990 年	2000 年	1990 年	2000 年	1990 年
北京	16843	9301	23151	18974	34391	30551	16956	22577
天津	9007	4668	20851	15908	34590	29379	25031	29635
上海	10940	6534	23018	19532	36803	31592	18934	22683
浙江	3189	1170	10758	7006	33336	23741	36622	39664
江苏	3917	1474	13039	8670	36372	26426	32881	34791
广东	3560	1338	12880	8928	36690	23041	33145	40451

资料来源：《中国人口统计年鉴（2001）》，中国统计出版社，2001。

表 10　国家及东、中、西部部分省份面向 2020 年的教育发展战略目标

国家及地区	到 2020 年教育发展目标
国家	基本实现教育现代化、基本形成学习型社会、进入人力资源强国行列
北京	到 2020 年实现教育现代化，建成公平、优质、创新、开放的首都教育和先进的学习型城市，进入以教育和人才培养为优势的现代化国际城市行列
上海	率先实现教育现代化，率先基本建成学习型社会，努力使每一个人的发展潜能得到激发，教育发展和人力资源开发水平迈入世界先进行列
湖北	基本实现教育现代化，基本形成学习型社会，进入教育强省和人力资源强省前列
河南	基本实现教育现代化，基本形成学习型社会，进入人力资源强省行列
青海	达到全国平均水平，初步实现教育现代化，形成学习型社会
西藏	全区教育发展总体接近全国平均水平，有中国特色、西藏特点的现代教育体系更加完善，终身教育体系基本形成

资料来源：国家及各地《中长期教育改革与发展规划纲要（2010—2020 年）》。

　　在此背景下，从 20 世纪末到 21 世纪初一些经济发达地区"率先基本实现现代化"的呼声高涨。在这些地区的教育领域，"率先基本实现教育现代化""率先实现教育现代化"日益成为教育改革与发展的重要政策目标。[①] 以首都北京市为例，2004 年中共北京市委北京市人民政府

[①]　《中共北京市委北京市人民政府关于实施首都教育发展战略率先基本实现教育现代化的决定》（2004 年 4 月 28 日）；《中共上海市委、市人民政府关于全面实施教育综合改革率先基本实现上海教育现代化的若干意见》（2004 年 7 月 13 日）。

颁布的《关于实施首都教育发展战略率先基本实现教育现代化的决定》提出了 2010 年在全国"率先基本实现教育现代化"的奋斗目标，这比《国家中长期教育改革与发展规划纲要（2010—2020 年）》提出 2020 年基本实现教育现代化的国家目标，整整超前了 10 年。2011 年颁布的《北京市中长期教育改革和发展规划纲要（2010—2020 年）》则进一步提出了 2020 年率先在全国"实现教育现代化"的目标。

需要强调的是，针对我国的区域教育发展不平衡问题，有学者明确提出，"我国的二元结构，反映在教育上，区域之间也存在着明显的差距，这种差距不是同一历史阶段上发展水平的差距，而是跨越不同历史阶段的教育形态发展程度的差别"[①]。换言之，在一些教育现代化研究者看来，我国区域之间存在的差异不仅是发展水平上的差异，而且是发展阶段上的差异。

第三，从教育制度层面来看，建立与社会主义市场经济体制和教育普及化程度相适应的现代教育体制机制成为这一阶段的核心任务。1985 年 5 月发布的《中共中央关于教育体制改革的决定》，明确提出"面对着我国对外开放、对内搞活，经济体制改革全面展开的形势，面对着世界范围的新技术革命正在兴起的形势，我国教育事业的落后和教育体制的弊端就更加突出了""要从根本上改变这种状况，必须从教育体制入手，有系统地进行改革"。可以说，改革开放以来，深化教育体制机制改革成为中国教育改革的核心内容，此后 30 多年，历届全国教育工作会议都对此做出过部署。特别是进入 21 世纪以来，我国教育持续快速发展，2001 年中国如期实现基本普及九年义务教育和基本扫除青壮年文盲的战略目标，2002 年我国高等教育毛入学率达到 15%，进入高等教育大众化阶段。在此背景下，"深化教育改革，全面推进素质教育，

---

① 丁钢：《中国教育：研究与评论》（第 2 辑），教育科学出版社，2002，第 7 页。

构建一个充满生机的有中国特色社会主义教育体系"成为我国教育改革的迫切要求（见表11）。2010年8月25日，国务院还成立国家教育体制改革领导小组，专门负责教育体制改革的统筹规划。

表 11　改革开放以来有关教育体制机制问题的主要政策表述

文件名称	文件摘要	关键词（句）
《中共中央关于教育体制改革的决定》（1985）	·特别是面对着我国对外开放、对内搞活，经济体制改革全面展开的形势，面对着世界范围的新技术革命正在兴起的形势，我国教育事业的落后和教育体制的弊端就更加突出了 ·要从根本上改变这种状况，必须从教育体制入手，有系统地进行改革。改革管理体制，在加强宏观管理的同时，坚决实行简政放权，扩大学校的办学自主权；调整教育结构，相应地改革劳动人事制度。还要改革同社会主义现代化不相适应的教育思想、教育内容、教育方法	我国教育事业的落后和教育体制的弊端就更加突出了
《中国教育改革和发展纲要》（1993）	我国教育在总体上还比较落后，不能适应加快改革开放和现代化建设的需要。教育的战略地位在实际工作中还没有完全落实；教育投入不足，教师待遇偏低，办学条件较差；教育思想、教学内容和教学方法程度不同地脱离实际；学校思想政治工作还需要进一步加强和改进；教育体制和运行机制不适应日益深化的经济、政治、科技体制改革的需要	教育体制和运行机制不适应日益深化的经济、政治、科技体制改革的需要
《中共中央国务院关于深化教育改革，全面推进素质教育的决定》（1999）	·我国正处在建立社会主义市场经济体制和实现现代化建设战略目标的关键时期。新中国成立50年来特别是改革开放以来，教育事业的改革与发展取得了令人瞩目的巨大成就。但面对新的形势，由于主观和客观等方面的原因，我们的教育观念、教育体制、教育结构、人才培养模式、教育内容和教学方法相对滞后，影响了青少年的全面发展，不能适应提高国民素质的需要 ·深化教育改革，全面推进素质教育，构建一个充满生机的有中国特色社会主义教育体系，为实施科教兴国战略奠定坚实的人才和知识基础	教育观念、教育体制、教育结构、人才培养模式、教育内容和教学方法相对滞后
《国家中长期教育改革和发展规划纲要（2010—2020年）》（2010）	我国教育还不完全适应国家经济社会发展和人民群众接受良好教育的要求。教育观念相对落后，内容方法比较陈旧，中小学生课业负担过重，素质教育推进困难；学生适应社会和就业创业能力不强，创新型、实用型、复合型人才紧缺；教育体制机制不完善，学校办学活力不足；教育结构和布局不尽合理，城乡、区域教育发展不平衡，贫困地区、民族地区教育发展滞后；教育投入不足，教育优先发展的战略地位尚未得到完全落实。接受良好教育成为人民群众强烈期盼，深化教育改革成为全社会共同心声	教育体制机制不完善，学校办学活力不足

资料来源：上述相关文件。

2017 年中共中央办公厅、国务院办公厅进一步印发的《关于深化教育体制机制改革的意见》，一方面对我国教育体制改革的成绩做出充分肯定，指出十八大以来，随着教育领域综合改革持续深入，一批标志性、引领性的改革举措取得明显成效，教育公共服务水平和教育治理能力不断提升，中国特色社会主义教育制度体系进一步完善；另一方面也进一步提出了 2020 年深化教育体制机制改革的主要目标，即"到 2020 年，教育基础性制度体系基本建立，形成充满活力、富有效率、更加开放、有利于科学发展的教育体制机制，人民群众关心的教育热点难点问题进一步缓解，政府依法宏观管理、学校依法自主办学、社会有序参与、各方合力推进的格局更加完善，为发展具有中国特色、世界水平的现代教育提供制度支撑"①。

总之，"教育的现代化，就其基本的和主要的方面而言，就是教育的普及化"②，在基本教育现代化阶段，我国教育发展最突出的特征就是公共教育服务体系日渐完善，教育普及程度日益提高，人民群众的受教育机会不断丰富。到 2018 年，我国各级各类学校 51.4 万所，在校生 2.7 亿人，教育规模位居世界首位。从 1978 年到 2018 年，我国的学前教育三年毛入园率从 10.6% 提升到 79.6%，小学学龄儿童净入学率从 94% 提升到 99.9%，初中阶段毛入学率从 66.4% 提升到 103.5%，高中阶段毛入学率从 33.6% 提升到 88.3%，高等教育毛入学率从 2.7% 提升到 45.7%，均达到或超过中高收入国家平均水平。我国用短短 20 多年时间走过了西方国家近百年的义务教育普及之路，速度超过一些发达国

---

① 中国中央办公厅 国务院办公厅印发《关于深化教育体制机制改革的意见》，中华人民共和国教育部官网，http://www.moe.gov.cn/jyb_ xwfb/s6052/moe_ 838/201709/t20170925_ 315201. html。

② 劳凯声等：《教师法律地位的历史沿革及改革方向》，《中国教育学刊》2009 年第 9 期。

家（见表12、表13）。① 与此同时，随着公共教育服务的理念不断深入人心，人民群众日益增长的对优质、公平、多样、便捷教育的需求与教育的供给能力不足、供给过程不均等、供给形式单一、供给体系不健全之间的矛盾成为我国教育发展的突出矛盾（详见第三章），建立健全中国特色、世界水平的现代化公共教育服务体系成为中国教育现代化最迫切的任务。

表12 1978年与2017年我国各级教育在校学生数及发展状况比较

学历层次	1978年绝对量（万人）	2017年绝对量（万人）	1979～2017年平均增速（%）	2013～2017年平均增速（%）
研究生	1.1	264	15.1	8.9
普通本专科	86	2754	9.3	2.9
普通高中	1553	2375	1.1	－0.8
初中	4995	4442	－0.3	－1.4
普通小学	14624	10094	－0.9	0.8

注：（1）以上中国数据不包含港澳台地区；（2）2017年在校研究生数指标口径发生变化，增加了非全日制研究生。

资料来源：《经济社会发展统计图表：改革开放40年光辉成就（社会篇）》，《求是》2019年第2期。

表13 2011、2015和2017年我国6岁及以上人口平均受教育年限

单位：年

年份	合计	男	女
2011	8.90	9.23	8.56
2015	9.23	9.45	8.80
2017	9.26	9.56	9.03

资料来源：2011年数据根据《中国人口和就业统计年鉴（2012）》中的全国人口变动情况抽样调查数据估算。2015年数据根据《中国人口和就业统计年鉴（2016）》中的全国人口变动情况抽样调查数据估算。2017年数据根据《中国统计年鉴（2018）》中的全国人口变动情况抽样调查数据估算。

---

① 陈宝生：《中国教育：波澜壮阔四十年》，《人民日报》2019年12月17日。

二　教育现代化的理论研究概览

教育现代化理论研究，某种程度上可以说是对教育发展在现代化进程中的角色、变化和作用的理性思考，它来自对相关实践进程的系统总结，同时亦对我国教育现代化进程具有重要影响。因此，对我国教育现代化理论研究进行综合分析，既有助于深化对国家教育现代化进程与公共教育服务体系建设使命之间关系的认识，也有助于坚定推进公共教育服务体系现代化的信心。

一般认为教育现代化伴随和体现于社会现代化进程之中，是在工业革命之后开始出现的，是与工业化、城市化、世俗化等一系列的社会进程密切相关的教育变迁。但是，对教育现代化问题的专门研究则是 20世纪中后期才逐渐形成的。例如，1992 年出版的《教育大辞典》就将教育现代化（Modernization of Education）定义为"当代对教育发展、改革提出的一种目标与进行的实践"，认为它特指 20 世纪 70 年代以来世界范围内关于教育改革主导观念的不同认识（见表 14）。

表 14　《教育大辞典》有关"教育现代化"概念的解释

教育现代化是当代对教育发展、改革提出的一种目标与进行的实践。它特指 20 世纪 70 年代以来世界范围内关于教育改革主导观念的不同认识，主要观点在联合国教科文组织秘书处为召开"70 和 80 年代教育改革的主要问题"专家会议（1977 年 10 月）而准备的工作文件中分为两类：(1) 主导观念是将教育看作生产技术迅速现代化必不可少的支柱，加速和驾驭先进工艺发展的手段，参加国际竞争的武器，其实践课题是增加科学和技术方面的课程，更新教学手段和设备，采用科学的管理方法和反映人类科学最新研究成果的教学方法；(2) 主导观念是教育应尊重本国文化特性，其实践课题是重新审视教学内容，使用本国语言进行教学，注重社会发展和教育发展的内源性。前者多见诸于发达国家，后者主要见诸于独立不久的发展中国家。两者对现代教育技术都曾寄予很大希望，但现有的教育改革能归功于现代技术的为数甚少，预计今后几十年也不会因新技术而使教育发生根本变化。

资料来源：顾明远主编《教育大辞典（6）》，上海教育出版社，1992，第 402 页。

从我国现有的相关研究成果来看，教育现代化的命题与现代化的命题都具有很大的争议，学者之间的关注点有很大区别。例如，有些学者重视教育与经济社会的协调发展，强调教育现代化就是教育适应和促进社会现代化的过程，认为"教育现代化的实质，就是要以整个社会现代化的客观需要为动力，以社会文化的全部最新成就武装教育各个层面，使教育自身具备适应和促进整个社会现代化的能动力量"[①]。有些学者重视教育发展的价值引领，强调教育现代化的本质就是"教育现代性的增长"，认为"教育现代化是指与教育形态的变迁相伴的教育现代性不断增长的历史过程"。强调教育现代性是现代教育区别于非现代教育的本质属性，它体现了教育现代化过程中教育呈现的一些新特征，包括教育的人道性、理性化、民主性、法治性等。[②] 有些学者则重视教育的整体转型发展，强调教育现代化就是超越传统教育、走向现代教育的过程，认为"教育现代化是一个传统教育转化为现代教育的过程"。但强调现代教育对传统教育的超越并不是简单地抛弃，而是对传统教育的选择、改造、继承与发展。认为由传统教育走向现代教育是整体的转换，涉及教育思想、内容、方法、手段、体制、师资、管理以及城乡、区域、投入和环境等多方面的内容，其核心是人的现代化。"教育现代化"不是"教育西方化"。[③]

由于教育现代化问题的复杂性，更多的专家通过多角度、多层次的列举方式来阐明教育现代化的内涵。例如，有人根据现代化理论对教育现代化做广义和狭义的界定，认为"广义上，教育现代化是适应宗法社会的封建的旧教育转向适应大工业民主社会的现代教育的历史进程，是大工业运动和科技革命的产物，是一切有关进行现代教育的改革和发

① 田慧生：《中国教育的现代化》，云南人民出版社，1997，第 6 页。
② 褚宏启：《教育现代化的路径——现代教育导论》，教育科学出版社，2013，第 1～3 页。
③ 顾明远：《关于教育现代化的几个问题》，《中国教育学刊》1997 年第 3 期。

展的总称。在狭义上，教育现代化主要是指第二次世界大战后，比较教育家积极倡导的一种运动及理论。在这里，教育现代化主要是指新独立的落后国家如何学习发达国家，推动本国教育现代化，从而赶上发达国家现代化的运动，即后发外生型国家在赶超早发内生型国家、实现本国现代化的过程中，同时达到先进国家教育发展水平的问题"。有些研究则认为，"应从时间和价值两个维度来理解。从时间尺度上讲，教育现代化是指从与传统的封闭的农业社会相适应的教育向与现代的开放的工业社会以及信息社会相适应的教育转化的过程。从价值尺度讲，教育现代化是指传统教育向现代教育转变过程中所获得的新的时代精神和特征，这种新的时代精神和特征区别于传统教育，包括教育的科学性、民主性、开放性等，是以现代生产和现代生活方式为基础，以现代科学技术和现代文化为内容，以人的现代化为目的的教育"。"教育现代化的内涵可以概括为，教育现代化是一个国家适应现代社会发展要求所达到的一种新的教育形态，是传统教育向现代教育的现实转化，是包括教育、教育制度、教育内容、教育方法在内的教育整体转换和全面进步的过程。教育现代化的核心是人的素质现代化。所以，教育现代化也可以界定为教育生产力、教育制度体系、教育思想观念这些因素的变化与逐步现代化的过程。"①

在此背景下，2010 年颁布的《国家中长期教育改革与发展规划纲要（2010—2020 年）》在将"基本实现教育现代化，基本形成学习型社会，进入人力资源强国行列"作为 2020 年国家教育改革与发展总目标之后，由《国家中长期教育改革与发展规划纲要（2010—2020 年）》工作小组办公室，在相关的《教育规划纲要辅导读本》的名词解释部分，对教育现代化概念做出了基本解释，提出"教育现代化是为适应经济社会现代化进程，教育发展所应具有的重要特点和趋势，是传统教育向

---

① 丁钢：《中国教育：研究与评论》（第 2 辑），教育科学出版社，2002，第 11~13 页。

现代教育转变的过程。人类社会从工业革命特别是信息化以来所发生的一系列教育变革，以及发展中国家追赶发达国家教育发展水平的过程，都是教育现代化的重要标志。教育现代化是国家现代化的先导，主要体现在教育观念、教育制度、教育程度、教育内容、师资水平、教育设施、教育手段和方法、教育公平、教育国际化等方面"①。

总之，通过上述简要分析，可以看出教育现代化是一个复杂的社会历史进程，教育现代化现象具有长期性和复杂性。只有通过多角度、多层次、多方位的方式，才能准确地了解和把握教育现代化的内涵。为了便于把握教育现代化研究的主要成果及其对教育现代化的基本定义，可以依据其研究对象和方式，将现有的教育现代化研究成果主要分为以下三种。

（一）具有教育哲学形态特征的教育现代化研究

这种研究最为典型的特征，就是在现代化进程中寻找教育的现代性或先进性，主要强调教育发展的价值选择，这种研究具有明显的规范性研究的特征，往往立足于一定的社会政治哲学和社会历史实践，强调教育应该具有的现代属性，在方法上往往将现代教育与传统教育相比较，并由此形成一系列的教育现代化理论。例如，有人强调教育现代化就是教育的民主化、世俗化、普及化等，有些人则认为教育现代化的特征是普及性、多样性、民主性、终身性、开放性、优质化。② 由于研究者立足的时代背景、哲学基础、立场不同，研究者们对教育现代化的理解不尽相同，阐述的教育现代化特征也不完全相同。但总的说来这类研究认为，教育现代化就是实现从传统教育向现代教育的转变。

---

① 《教育规划纲要》工作小组办公室：《教育规划纲要辅导读本》，教育科学出版，2010，第218页。

② 北京教育科学研究院：《开创首都教育现代化新局面——北京教育发展研究报告（2003年卷）》，民族出版社，2004，第4页。

（二）具有教育社会学形态特征的教育现代化研究

这种研究的主要特征，就是形成一种关于教育变迁的理论，强调社会现代化对教育形态提出的新要求、教育变迁对社会变迁的影响，以及它们的互动关系等。例如，根据社会转型的理论，从农业社会到工业社会，再向知识社会的转型，或者从古代社会到近代社会，再到现代社会的转型，又或者从封建社会到资本主义社会，再到社会主义社会的转型，来考察教育在社会转型过程中出现的转型以及形态特征，包括观念层面、制度层面以及物质技术层面等方面的特征。这种理论认为社会发展具有历史的必然性，一个社会的发展程度必然要从低级阶段向高级阶段演进，因而也就把教育从落后形态到先进形态的转型过程称作教育现代化。

（三）具有教育政策理论形态特征的教育现代化研究

这种研究理论具有强烈的经验性研究的特征，主要出现在政策研究领域。主要特征就是按照一定的方法（例如按照各种经济社会发展指标）将有关的国家（地区）分为现代化程度不同的地区，然后比较现代化程度不同的国家（地区）在教育发展方面存在的差异，由此归纳现代教育具有的特征，力求相关结论在决策过程中能发挥重要作用。例如，2003 年 2 月教育部"教育与人力资源问题报告课题组"发布的《从人口大国迈向人力资源强国》，在综合参考了联合国教科文组织、联合国计划开发署、经济发展与合作组织关于世界各国教育发展水平分类的基础上，根据各国人口与经济、教育发展水平和教育投入三个主要因素，将世界部分国家分成教育发达国家、教育较发达国家、教育中等发达国家和教育欠发达国家四个类别（见表15）。[①] 此外，我国一些专

① 中国教育与人力资源问题课题组：《从人口大国迈向人力资源强国》，高等教育出版社，2003，第 97~100 页。

家提出了国际教育现代化的指标和参照值。[①] 总体来看,这类研究强调发达国家(地区)和欠发达国家(地区)在上述指标方面存在的差异等,并将后者向前者的追赶、提升过程称为教育现代化的过程。这种研究模式受量化研究方法的局限,因此更多地强调不同现代化程度国家(地区)的教育发展水平在量化指标上的差异,因而也受到一些人士的批评。不过,从这种研究的逻辑出发,可以看出教育现代化问题也就是教育发展问题,教育现代化就是从教育发展的低水平阶段向发达阶段的提升过程。

表 15　《从人口大国迈向人力资源强国》从教育发展水平角度对部分国家的分类

第一类:教育发达国家。中等教育毛入学率达到95%以上,高等教育普及率超过50%。这类国家有美国、日本、韩国、英国、法国等,人均 GDP 超过 2 万美元;

第二类:教育较发达国家。中等教育毛入学率在75%以上,高等教育毛入学率在35% ~50% 之间。这类国家包括意大利、希腊、新加坡、阿根廷等,人均 GDP 超过 1.5 万美元;

第三类:教育中等发达国家。中等教育毛入学率超过50%,高等教育毛入学率超过15%。这类国家有罗马尼亚、泰国、墨西哥等,人均 GDP 超过 0.5 万美元;

第四类:教育欠发达国家。中等教育毛入学率低于50%,高等教育毛入学率低于15%。这类国家有中国、印度、印尼、巴基斯坦等,人均 GDP 不到 0.5 万美元。

资料来源:中国教育与人力资源问题课题组编《从人口大国迈向人力资源强国》,高等教育出版社,2003,第 97~100 页。

总之,上述分类及概述旨在方便人们把握教育现代化研究成果现状,从而为推进新时期我国公共服务教育体系的现代化进程提供思考的可能性。同时,透过上述分析,可以发现不同类型的教育现代化研究在内容(方法)方面各有侧重,很难从中归纳出一种得到公认的教育现代化理论,但它们又是相互联系、交叉渗透的。此外,尽管教育现代化研究有其独特的研究领域,但始终与现代化研究密切关联,深受现代化

---

① 北京教育科学研究院:《积极推进首都教育现代化进程——北京教育发展研究报告(2001年卷)》,红旗出版社,2002,第 20~29 页。

理论研究的影响。具体来说，综观上述研究，我们发现教育现代化研究有一些共同特征。

第一，教育发展问题是教育现代化理论的核心问题。不管在教育现代化研究中研究者的关注点是什么，分歧有多大，所有的教育现代化理论都认为教育存在发展问题，即从较低发展阶段到较高发展阶段的转型问题。有些学者从发展问题的一般逻辑来考察，例如考察教育的数量或规模的扩张、结构的优化、质量的提高以及效益的提高等，也有学者利用社会学有关社会变迁的分析视角，从物质技术层面、制度层面和观念层面的变化来分析教育形态的变化，把教育发展看作教育基础设施及其技术水平不断提高、教育制度体系日趋完善、教育观念日渐理性的过程。总之，这些学者认为教育发展具有历史必然性，呈现从低级阶段到高级阶段，从低水平到高水平，从简单结构到复杂结构的转变，不同形态的教育具有发展水平或程度的差异是教育现代化理论的重要特征。

第二，价值选择对形成教育现代化理论具有重要影响。教育问题，归根结底是培养人的问题。有关教育现代化的研究，归根结底必然要同社会需要什么样的人、怎样培养人、教育在社会发展与人的发展过程中的功能与作用等教育基本问题密切联系。因此，它与人们的价值观念及其变化密切相关，特别是与不同社会群体的利益取向密切相关。随着我国现代化程度越来越高，计划经济体制下形成的总体性社会日益分化为不同的利益阶层和群体，人们的价值观念和行为方式日益多样化，相关的价值观、人才观、教育观的冲突也随着社会的日益开放以全方位、多层次、立体的方式呈现出来。与此相适应，教育现代化理论的发展也深受这种发展态势的影响，特别是对于教育现代性或特征，人们的认识和取向不尽相同。

第三，教育现代化与社会现代化密切关联。教育现代化理论本质上是有关教育发展问题的理论，并且深受人们价值取向的影响。但教育现代化理论并不是一般性地研究教育发展问题，它更多的是把教育发展与整个社会的转型即现代化进程密切联系起来，把教育发展问题放在整个社会现代化的过程中去研究，研究不同社会形态对教育发展的需求与影响，以及教育发展对不同社会形态的形成、发展变化具有的重要促进作用。从这个意义上讲，教育现代化理论实质就是系统地研究与社会现代化密切关联的具有价值选择性的教育发展问题的理论。

三　推进现代化公共教育服务体系建设

"公共教育服务体系"概念的提出和实践推进既是我国百年教育现代化发展内在逻辑提出的必然要求，也是我国教育现代化建设的重要成果，同时其本身也在国家教育现代化的历史进程之中，具有进一步现代化问题，即在基础设施、制度建设和价值理念层面持续改革，以适应国家现代化建设需求并达到世界先进水平的问题。换言之，必须清醒认识新时期推进公共教育服务体系的现代化建设的历史方位和根本要求。

一是必须坚持中国特色社会主义教育发展方向。可以说，"跻身于世界现代化国家之林，是中华民族几代人的梦想和追求"①。早在 20 世纪 30 年代，中国的一批仁人志士就开始讨论国家现代化问题。而中国现代化发展的历史经验说明只有坚持走中国特色社会主义道路，才能强国富民，实现民族复兴的伟大使命。特别是当前，越来越多的人认识到"改革开放以来我们取得一切成绩和进步的根本原因，归结起来就是：开辟了中国特色社会主义道路，形成了中国特色社会主义理论体系，确

---

① 中国教育与人力资源问题课题组：《从人口大国迈向人力资源强国》，高等教育出版社，2003，第 7 ~ 8 页。

立了中国特色社会主义制度，发展了中国特色社会主义文化"①。回顾历史，我们也可以清楚看到，走中国特色社会主义教育现代化道路是历史必然的选择。从面对"数千年未有之大变局"，以民族救亡图存为目的废止以科举体制为核心的传统教育体制，开始学习、引进西方的学校教育制度、班级授课制度、学科学位制度等先进教育制度，到新中国成立以后基本建立健全门类齐全、结构完整的社会主义国民教育体系，再到改革开放以来不断探索建立与社会主义市场经济体制相适应的现代教育体制机制，大力提高教育普及程度，反映了我国百年教育现代化进程的艰辛历程和巨大成就。同时，也深刻说明作为一个拥有悠久历史和灿烂文化的文明古国，作为一个迈向民族复兴的社会主义大国，要实现国家现代化历史任务，必须立足国情，坚持中国特色社会主义教育现代化方向，深刻认识"教育现代化，是中国特色社会主义教育的必然选择"。"中国教育的现代化绝不是西方国家教育现代化的翻版，而是中国特色社会主义的教育现代化。教育现代化不仅是中国教育发展的目标，而且是中国教育发展的内容和途径。"②

二是必须继续坚持"教育要面向现代化，面向世界，面向未来"战略指导思想。回顾百年现代化进程，我们可以清醒地认识到，发轫于1978年的"改革开放"是"决定当代中国命运的关键一招"。正是靠着改革开放，中国才打破束缚思想的桎梏、突破了封闭僵化的局面、扫除了阻碍发展的藩篱，开启了改革开放40年来国家经济社会快速发展、人民生活水平普遍提高的中国特色社会主义现代化建设的伟大征程。与此一致，正是因为改革开放的倒逼，特别是邓小平同志"教育要面向现代化，面向世界，面向未来"战略指导思想的提出，我国教育领域

① 《中国共产党章程》（中国共产党第十九次全国代表大会部分修改，2017年10月24日通过）。

② 袁振国：《中国特色社会主义教育现代化之路》，《中国教育报》2007年11月10日。

的思想解放和实践创新才风起云涌，中国教育现代化建设才迎来了百年历程中教育发展最快、最好，人民群众最有获得感的 40 年。可以说，正是通过开展关于"三个面向"的讨论活动，我国教育界才充分认识到计划经济体制下我国教育的狭隘性、封闭性与保守性等特点，充分认识到现代教育的全面性、开放性与创新性等特点，更加重视"以人为本"的教育观念。也正是通过开展关于"三个面向"的讨论活动，我国才突破了计划经济体制下把教育仅仅作为"上层建筑"的认识禁锢，突破了与世界教育发展相隔离的封闭状态，逐步确立了教育优先发展的战略地位。总之，"三个面向"为改革开放以来我国教育改革发展实践提供了重要思想指导，推动了我国社会主义教育事业的健康持续快速发展。当前，尽管我国教育现代化建设，特别是公共教育服务体系建设已经取得了巨大的成就，但与国家现代化建设、与人民群众日益增长的对优质教育的需求之间还存在明显差距（详见第三章），与世界发达国家（地区）之间在公共教育服务发展水平、保障能力和战略谋划方面也存在明显差距（见表 16～表 18）。因此，必须保持对我国教育发展历史方位的清醒认识以及持续推进教育现代化的战略定力，长期坚持"教育要面向现代化，面向世界，面向未来"的战略指导思想。

特别是 2017 年中共十九大报告做出了中国特色社会主义进入新时代的重大政治论断，正式提出"两个阶段"的发展目标：第一阶段，从 2020 年到 2035 年，在全面建成小康社会的基础上，再奋斗十五年，基本实现社会主义现代化；第二个阶段，从 2035 年到 21 世纪中叶，在基本实现现代化的基础上，再奋斗十五年，把我国建成富强民主文明和谐美丽的社会主义现代化强国。这一提法，与 1987 年党的十三大提出的"三步走"发展战略，即"到下个世纪中叶，人均国民生产总值达到中等发达国家水平，人民生活比较富裕，基本实现现代化"相比，将实现"基本实现现代化"发展目标的时间由 21 世纪中叶调整为 2035

年，足足提前了十五年。

换言之，国家现代化进程的加速必然对教育现代化建设提出新的更高的要求。随着 2020 年我国"基本教育现代化目标"的实现，"全面实现教育现代化"已经历史性地成为中国教育现代化建设的目标，建设具有中国特色、世界水平的现代公共教育服务体系也必然成为我国教育改革发展的重大战略任务。

表16　1978 年与 2017 年中国与世界各收入组国家主要社会指标比较

国家	婴儿死亡率(‰)		出生时的预期寿命(岁)		高等教育毛入学率(%)	
	1978 年	2017 年	1978 年	2016 年	1978 年	2016 年
中国	52.6	8.0	65.9	76.3	0.7	48.4
世界	64.7[①]	29.4	62.2	72.0	12.1	36.8
高收入国家	11.2[①]	4.6	72.7	80.4	32.2	75.1
中等收入国家	65.4[①]	27.8	60.2	71.3	7.5	34.5
低收入国家	108.0[①]	48.6	47.6	62.9	3.6	7.5

注：以上中国数额数据不包含港澳台地区。以上数据来源于世界银行 WDI 数据库，出生预期寿命和高等教育毛入学率仅更新至 2016 年。①为 1990 年数据。

资料来源：《经济社会发展统计图表：改革开放 40 年光辉成就（社会篇）》，《求是》2019 年第 2 期。

表17　2015 年部分国家/地区教育投入情况

单位：%

国家/地区	公共教育经费占 GDP 的比例	公共教育经费占政府总支出比例
中国	>4	m
高收入地区/国家		
中国香港	3.3	18.6
韩国	5.3	14
德国	4.8	9.2
日本	3.6[②]	8
法国	5.5	8.4
澳大利亚	5.3	13.5
美国	5[②]	11.9

续表

国家/地区	公共教育经费占 GDP 的比例	公共教育经费占政府总支出比例
英国	5.6	12.4
加拿大	m	12.1①
芬兰	7.1	10.5
中等收入国家		
俄罗斯	3.8	7.5
巴西	6.2	17.3
南非	6	m
印度	m	m
马来西亚	5	19.8
墨西哥	5.2	17

注：①包含学前教育数据。②为 2016 年数据。另外，m 表示数据缺失。

资料来源：世界银行，http：//data. worldbank. org. cn；OECD，《教育概览 2018：经合组织指标》（*Education at a Glance 2018：OECD Indicators*）。

表18　2015 年美国的"美国学院承诺"计划（America's College Promise）

尽管从历史上看美国在教育管理上采用分权制,根据美国宪法第十修正案,绝大多数的教育政策由州和地区层面决定。但从近期的发展趋势来看,美国联邦政府越来越重视国家创新能力和公平等宏观教育发展的前瞻性战略问题,通过法律、财政拨款、项目实施和评估以及发布相关的报告等手段,引领美国教育改革与发展的方向。以 2015 年为例,美国联邦政府宣布"美国学院承诺"计划（America's College Promise）,推进社区学院免费和普及。该计划提出将为全美国社区学院"负责任"的学生（即至少一半时间在读,GPA 在 2.5 以上者）免除前两年的学费,相关费用将由联邦和各州政府承担。白宫在其网站上也推广了这一计划,宣称："美国是全球最好大学之家——提高社区学院的参与率从来没有像现在这样对我国经济竞争力至关重要——但是学费和成本过去十年的飙升却使美国许多家庭很难投资于高等教育以应对未来。"目前全美国共有 1600 多所社区学院,学生人数约占大学入学总人数的 40%。根据白宫的估算,如果推进社区学院免学费计划,在未来十年内,联邦政府共需要投入约 600 亿美元,各州政府总共需要投入约 200 亿美元。因此,可以说,此计划如果真的得到推进和落实,无疑对美国公共教育体系建设和提升美国竞争力具有重大而深远的战略意义。

资料来源：美国奥巴马政府白宫档案,https：//obamawhitehouse. archives. gov/the – press – office/2015/01/09/fact – sheet – white – house – unveils – america – s – college – promise – proposal – tuitio。

三是坚持把人的现代化作为新时期公共教育服务体系建设的核心。"人是一切价值的尺度。人的现代化，是一切现代化的最根本、最重要的目标，是检验现代化的根本标尺，也是实现'两个一百年'目标的重要标尺。"① 全面深化改革的总目标是完善和发展中国特色社会主义制度，推进国家治理体系和治理能力现代化，贯彻其中的指导思想就是以人民为中心的发展思想。因此，必须坚持全心全意为人民服务的根本宗旨，坚持"发展为了人民、发展依靠人民、发展成果由人民共享"的改革理念，把人民对美好生活的向往作为奋斗目标，为人的自由而全面发展不断创造条件。作为培养人的事业，人的现代化是教育现代化的核心，更是推进公共教育服务体系现代化建设的关键所在。特别是2018年进入小学阶段的大部分儿童，到2034年将大学毕业进入社会，到2050年正好38岁。而2018年入学的大学生，正好是2000年出生的"世纪宝宝"，2022年将大学毕业进入社会，2035年正好是35岁，2050达到50岁。比照十九大提出的新时期国家现代化"两个阶段"的发展目标，可以说，目前正处在学龄教育阶段的一代人（"00后"）将是21世纪中叶"把我国建成富强民主文明和谐美丽的社会主义现代化强国"的骨干力量。因此，要牢固树立以学习者为中心的发展理念，加速推进公共教育服务体系的现代化，通过发展公平而有质量的教育，全面推进素质教育，普遍提高年轻一代人的民主、科学、法制、健康生活、可持续发展意识等现代化公民素养（见表19），全面提升参与国家治理的意识和能力，使人民群众真正成为国家治理的主体。

---

① 《人的现代化是"两个一百年"目标的重要标尺》，瞭望观察网，http://www.liaowangnews.com/Electronic/20170607/2017 - 07 - 20/1641. html。

表 19　2016 年中国学生发展核心素养发布

2014 年教育部研制印发《关于全面深化课程改革落实立德树人根本任务的意见》,提出"教育部将组织研究提出各学段学生发展核心素养体系,明确学生应具备的适应终身发展和社会发展需要的必备品格和关键能力"。2016 年 9 月 13 日上午,核心素养课题研究组在北京师范大学举行成果发布会,公布了历时三年完成,并经教育部基础教育课程教材专家工作委员会审议的最终研究成果。中国学生发展核心素养总体框架以科学性、时代性和民族性为基本原则,以培养"全面发展的人"为核心,分为文化基础、自主发展、社会参与三个方面,包括人文底蕴、科学精神、学会学习、健康生活、责任担当、实践创新六大素养,具体细化为国家认同等十八个基本要点。

资料来源:核心素养研究课题组编《中国学生发展核心素养》,《中国教育学刊》2016 年第 10 期。

特别需要强调的是,2018 年 9 月 10 日至 11 日,全国教育大会在北京召开,中共中央总书记习近平发表了重要讲话,明确提出"教育是国之大计、党之大计",紧扣"培养什么人,怎么培养人,为谁培养人"这一教育的根本问题,系统阐释了中国特色社会主义教育的本质特征和发展规律,成为我国教育现代化建设的基本遵循(见表 20),"开启了加快推进教育现代化、建设教育强国、办好人民满意的教育新征程"①。2019 年年初,中共中央、国务院进一步印发了《中国教育现代化 2035》,提出新时期我国教育现代化的总体目标是:到 2035 年,总体实现教育现代化,迈入教育强国行列,推动我国成为学习大国、人力资源强国和人才强国,为到 21 世纪中叶建成富强民主文明和谐美丽的社会主义现代化强国奠定坚实基础。可以说,全国教育大会的召开和《中国教育现代化 2035》的颁布实施,标志着我国教育现代化进程在新时代的全面推开、全面加速,对于未来较长一段时间我国的教育现代化建设,包括公共教育服务体系建设都具有重大战略指导意义。

---

① 陈宝生:《中国教育:波澜壮阔四十年》,《人民日报》2018 年 12 月 17 日。

表 20　习近平在全国教育大会上的讲话摘要

　　培养什么人,是教育的首要问题。我国是中国共产党领导的社会主义国家,这就决定了我们的教育必须把培养社会主义建设者和接班人作为根本任务,培养一代又一代拥护中国共产党领导和我国社会主义制度、立志为中国特色社会主义奋斗终身的有用人才。这是教育工作的根本任务,也是教育现代化的方向目标。

　　在实践中,我们就教育改革发展提出一系列新理念新思想新观点,主要有以下几个方面,坚持党对教育事业的全面领导,坚持把立德树人作为根本任务,坚持优先发展教育事业,坚持社会主义办学方向,坚持扎根中国大地办教育,坚持以人民为中心发展教育,坚持深化教育改革创新,坚持把服务中华民族伟大复兴作为教育的重要使命,坚持把教师队伍建设作为基础工作。这是我们对我国教育事业规律性认识的深化,来之不易,要始终坚持并不断丰富发展。

　　在党的坚强领导下,全面贯彻党的教育方针,坚持马克思主义指导地位,坚持中国特色社会主义教育发展道路,坚持社会主义办学方向,立足基本国情,遵循教育规律,坚持改革创新,以凝聚人心、完善人格、开发人力、培育人才、造福人民为工作目标,培养德智体美劳全面发展的社会主义建设者和接班人,加快推进教育现代化、建设教育强国、办好人民满意的教育。

　　资料来源:《坚持中国特色社会主义教育发展道路,培养德智体美劳全面发展的社会主义建设者和接班人》,《人民日报》2018 年 9 月 11 日。

第三章
中国公共教育服务体系建设面临的
挑战与机遇

十九大报告做出了中国特色社会主义进入新时代的重大政治论断，明确提出我国社会主要矛盾已经由"人民日益增长的物质文化需要同落后的社会生产之间的矛盾"转化为"人民日益增长的美好生活需要和不平衡不充分的发展之间的矛盾"。同时，还清醒地指出我国社会主要矛盾的变化，没有改变我们对我国社会主义所处历史阶段的判断，我国仍处于并将长期处于社会主义初级阶段这个基本国情、最大实际没有改变。社会主要矛盾的变化是关系全局的历史性变化，准确把握现阶段我国经济社会发展"变"与"不变"的特征，对于辩证认识和把握新时期我国公共教育服务体系建设面临的新形势新要求，加快推进教育现代化具有重要意义。

一　教育是人民日益增长的美好生活需要的主要内容

党的十八大以来，以习近平同志为核心的党中央高度重视教育事业发展，教育改革持续深入，惠民举措不断推出，人民群众的教育获得感和满意度明显增强。对照党的十八大报告和十九大报告，可以看出成绩部分的表述已经由"教育事业迅速发展，城乡免费义务教育全面实现"转化为"教育事业全面发展，中西部和农村教育明显加强"（见表21）。同时，在问题部分，教育也从第一位的关系群众切身利益的社会矛盾问题，转化为民生领域第二大难题。这既充分反映了党的十八大以来我国教育改革发展取得的显著成就，也说明办好人民满意的教育仍然任重道远。

进入21世纪，国际形势持续发生着深刻而复杂的变化。抢占先机，超前谋划和部署教育发展已成世界各国特别是发达国家提升国家综合竞争实力的普遍特征（参见本书第四章）。综合来看，在当代社会，教育日益凸显的重要的战略地位，一方面在于它是有效促进科技创新和应用的核心。例如，哈佛大学经济学家爱德华·格莱泽（Edward Glaeser）在美国的相关研究就发现，教育对于促进地区发展具有极其重要的意义。拥有学士学位的成人人口所占比例每提高10%，某地区1980～2000年收入增长速度就相应地提高6%；拥有本科学历的人口所占比例每提高10%，城市的人均产值就相应提高22%。同时，他也发现自20世纪70年代以来，在发达国家中，城市技能水平与城市生产力水平之间的联系在逐步加强。在1970年，美国工业地区的人均收入水平较高，例如克里夫兰和底特律；而教育水平较高的城市地区的人均收入水平较低，如波士顿和明尼阿波利斯。不过，在此后的30年中，技能水平较低的制造业城市发展缓慢，而技能水平较高的创意城市却一派繁荣。1980年，大学毕业生的收入比高中生高出33%；到了20世纪90年代中期，收入差距扩大并接近70%。在过去的30年，美国社会已经变得更加不平等，部分原因在于市场为技能水平更高的人提供了更高的收入。①

---

① 〔美〕爱德华·格莱泽：《城市的胜利》，刘润泉译，上海社会科学出版社，2012，第26～27页。

当然，另一方面，教育还通过不断提高自身的普及化和专门化，对人们的精神需求产生广泛而深刻的影响，拉动人们对各类知识的需求，激励人们更多地参与社会政治经济事务，从而成为促使知识经济、民主法制社会形成的基础。例如，美国斯坦福大学教育学院的教授考里特·沙伯特（Colette Chabbott）以及夫兰西斯科·O. 拉米雷兹（Francisco O. Ramirez）在 20 世纪 90 年代末考察了二战以来有关"发展"与"教育"之间关系的跨国研究后认为，支撑教育与国际发展之间存在联系的信念的理由有两个：第一，把教育看作人力资本投资，这样会提高劳动者的生产力并促进社会层面的经济增长和发展。这个根本理由与科学进步、物质福利和经济发展的全球标准紧密相连。第二个普遍理由是，把教育作为人权来建构，认为教育是促进人类更好发展、充分参与所处社会的经济、政治和文化活动的基本机制。而这与公正、平等和人权的观念紧密联系。[①]

总之，对于我国而言，这就意味着当前的经济社会的转型发展既迫切需要数以百万计的拔尖创新人才，也迫切需要数以亿计的人民群众文化水平与道德水准的普遍提高。也正是在这个意义上可以说，党的十九大有关"优先发展教育事业"的战略部署，强调建设教育强国是中华民族伟大复兴的基础工程（见表21），具有重大而深远的战略意义。

表 21　党的十七大、十八大与十九大对教育问题的表述

	十七大	十八大	十九大
成绩	各级各类教育迅速发展，农村免费义务教育全面实现	教育事业迅速发展，城乡免费义务教育全面实现	教育事业全面发展，中西部和农村教育明显加强

[①]　莫琳·T·哈里楠主编《教育社会学手册》，傅松涛等译，华东师范大学出版社，2004，第 217～218 页。

续表

	十七大	十八大	十九大
问题	劳动就业、社会保障、收入分配、教育卫生、居民住房、安全生产、司法和社会治安等方面关系群众切身利益的问题仍然较多，部分低收入群众生活比较困难	社会矛盾明显增多，教育、就业、社会保障、医疗、住房、生态环境、食品药品安全、安全生产、社会治安、执法司法等关系群众切身利益的问题较多，部分群众生活比较困难	民生领域还有不少短板，脱贫攻坚任务艰巨，城乡区域发展和收入分配差距依然较大，群众在就业、教育、医疗、居住、养老等方面面临不少难题
目标	现代国民教育体系更加完善，终身教育体系基本形成，全民受教育程度和创新人才培养水平明显提高	全民受教育程度和创新人才培养水平明显提高，进入人才强国和人力资源强国行列，教育现代化基本实现	从现在到二〇二〇年，是全面建成小康社会决胜期。坚定实施科教兴国战略、人才强国战略、创新驱动发展战略、乡村振兴战略、区域协调发展战略、可持续发展战略、军民融合发展战略
战略部署	优先发展教育，建设人力资源强国。教育是民族振兴的基石，教育公平是社会公平的重要基础	努力办好人民满意的教育。教育是民族振兴和社会进步的基石	优先发展教育事业。建设教育强国是中华民族伟大复兴的基础工程，必须把教育事业放在优先位置，深化教育改革，加快教育现代化，办好人民满意的教育

资料来源：中共十七大、十八大与十九大报告。

需要强调的是，教育既是国计，也是民生，情系千家万户。进入21世纪以来，随着我国经济社会的发展、教育普及程度的快速提高，人民群众对教育的需求也在不断提高并呈现出新的特征。这些特征归纳起来就是"四个性"：一是教育的优质性。先进的教育理念、良好的办学条件、优秀的师资队伍、和谐的校园文化成为人们定义"好教育"的主要内容。二是教育的公平性。人们不仅期盼入学机会的公平，而且更加期盼教育过程的公平，甚至是教育结果的公平。与此相一致，人民群众对教育的参与权、知情权、表达权和监督权也越来越看重。三是教育的多样性。让每个儿童在其天赋的基础上，通过灵活多样的教育体系，实现全面而富有个性的发展。"每个人都有一张独一无二的课表""让每一个人都不一样"成为人们对教育的美好期待。四是教育的便捷性。从没有入学（园）难、可以就近入学，到上学放学不用翻山越岭、不再舟车劳顿，再到建设"人人可学、处处可学、时时可学"的终身教育体系，便捷地获得教育机会也成为人们的普遍呼声。

概言之，随着我国经济社会和教育的持续快速发展，人民群众日益增长的对优质、公平、多样、便捷教育的需求与教育的供给能力不足、供给过程不均等、供给形式单一、供给体系不健全之间的矛盾，已经成为我国教育发展的突出矛盾。从公共教育服务体系建设来看，存在的比较突出的问题有如下六个方面。

（一）基本公共教育服务供给不充分

以学前教育为例，党的十九大报告把"幼有所育"与"学有所教"并列，作为我国民生发展的重要内容之一，提出要办好学前教育。2017年中央经济工作会议也提出要针对人民群众关心的问题精准施策，解决好婴幼儿照护和儿童早期教育服务问题。2017年5月，教育部等四部门印发的《关于实施第三期学前教育行动计划的意见》提出，到2020年，基本建成广覆盖、保基本、有质量的学前教育公共服务体系。全国学前三年毛入园率达到85%，普惠性幼儿园覆盖率达到80%左右。但与此相比，目前我国学前教育的普及水平还有差距，2017年我国学前三年毛入园率只有77.4%，远不能满足人民群众日益增长的需求。特别是随着"单独两孩"政策的实施，"十三五"期间我国学前教育的适龄儿童规模又有新的增长。数据显示，2016年全国共有幼儿园24.0万所，在园幼儿4413.9万人，其中民办幼儿园15.42万所。而相关研究机构预测，2019年学前教育阶段将因"全面二孩"政策新增适龄幼儿接近 600 万人，并逐年增加。到 2021 年，幼儿园缺口近 11 万所。[①] 换言之，当前我国基本公共教育服务还存在供给不充分问题，"入园难""入学难"问题在一定范围内还将存在。

（二）公共教育服务保障能力存在显著差异

以地区教育投入差距为例，全国财政性教育经费占 GDP 比例自 2012 年以来连续 5 年保持在 4% 以上，累计接近 17 万亿元，财政对教育投入不断加大，全国教育经费快速增长。国家财政教育资金的使用做到三个"一半以上"，即 2016 年我国财政性教育经费一半以上用于义务教育，一半以上用于中西部地区并向农村倾斜，一半以上用于教师工资福利和学生资助。[②] 但与此同时，地区之间公共教育服务的保障能力存在显著差异。以普通小学生均公共财政预算教育事业费为例，2016 年我国普通小学生均公共财政预算教育事业费最高的地区（北京）是最低的地区（河南）的 5 倍多；有 12 个省的普通小学生均公共财政预算教育事业费低于全国平均水平（9557.89 元）；甚至在我国东部地区，省际差距也很显著，例如京津冀地区，北京市的普通小学生均公共财政预算教育事业费是河北省的 3.54 倍。有些地区（例如河南）不仅普通小学生均公共财政预算教育事业费处于全国最低水平，普通初中、普通高中等的相关费用也处于最低水平（见表 22、表 23）。尽管教育经费的投入强度与优质教育的分布之间不一定呈现一一对应的关系，但毋庸讳言的是，投入水平仍然是影响公共教育服务质量的最重要因素之一。

---

① 董鲁皖龙、杜玮：《80% 的普惠园目标咋达成——全国政协委员为学前教育发展建言献策》，中国教育新闻网，http://www.jyb.cn/zgjyb/201803/t20180306_ 1012059.html。

② 《国务院关于国家财政教育资金分配和使用情况的报告——2017 年 12 月 23 日在第十二届全国人民代表大会常务委员会第三十一次会议上》，中华人民共和国财政部官网，http://www.mof.gov.cn/zhengwuxinxi/caizhengxinwen/201712/t20171225_ 2787543.htm。

表 22 2016 年我国基础教育阶段生均公共财政预算教育事业费增长情况

单位：元

国家或地区	普通小学			普通初中			普通高中		
	2015 年	2016 年	增长率（%）	2015 年	2016 年	增长率（%）	2015 年	2016 年	增长率（%）
全国	8838.44	9557.89	8.14	12105.08	13415.99	10.83	10820.96	12315.21	13.81
北京市	23757.49	25793.55	8.57	40443.73	45516.37	12.54	42192.74	50802.57	20.41
天津市	18128.16	18284.41	0.86	28208.67	29961.87	6.22	32848.08	31425.02	-4.33
河北省	6752.72	7300.16	8.11	9557.77	10532.56	10.20	9992.14	10858.95	8.67
山西省	9269.24	9450.60	1.96	11403.16	12266.96	7.58	9122.71	10653.32	16.78
内蒙古自治区	11972.33	13109.32	9.50	14362.59	16301.67	13.50	13192.30	14333.65	8.65
辽宁省	9138.21	9735.78	6.54	12706.60	13710.03	7.90	10347.31	11402.50	10.20
吉林省	12136.74	13087.73	7.84	15539.57	16878.96	8.62	10472.36	11760.99	12.31
黑龙江省	12939.48	14066.49	8.71	14435.89	15514.68	7.47	10861.60	11494.50	5.83
上海市	20688.35	22125.13	6.94	27636.22	30284.67	9.58	35632.31	37768.99	6.00
江苏省	11988.81	12503.03	4.29	19048.59	21194.74	11.27	18039.48	21134.25	17.16
浙江省	11599.79	12908.55	11.28	16616.16	18798.27	13.13	18280.68	21742.03	18.93
安徽省	7766.51	8573.56	10.39	11114.71	12435.26	11.88	7789.21	8924.35	14.57
福建省	9102.81	9636.46	5.86	13199.18	14692.28	11.31	11645.63	12947.13	11.18
江西省	7462.02	7989.54	7.07	9665.37	10513.42	8.77	9783.59	10820.34	10.60
山东省	8135.32	8790.76	8.06	13408.97	14630.28	9.11	11182.55	12546.04	12.19
河南省	4575.27	5036.31	10.08	7262.97	7811.96	7.56	5870.64	6397.76	8.98
湖北省	8790.99	10076.72	14.63	14435.84	17271.97	19.65	11535.98	14174.22	22.87
湖南省	7154.49	7861.30	9.88	10472.97	11878.72	13.42	7694.07	9739.52	26.58
广东省	8757.95	9997.31	14.15	11456.70	13725.98	19.81	10863.23	13478.72	24.08
广西壮族自治区	7061.36	7690.45	8.91	8745.99	9507.61	8.71	8177.45	9326.70	14.05
海南省	10460.87	11353.02	8.53	13205.91	14585.94	10.45	13715.56	15629.73	13.96
重庆市	8431.67	9180.10	8.88	10834.51	11917.36	9.99	9413.67	10931.98	16.13
四川省	8984.53	9003.19	0.21	11477.01	12063.03	5.11	9054.49	9587.72	5.89
贵州省	8645.83	9659.17	11.72	8704.94	10131.84	16.39	8184.95	9637.74	17.75
云南省	7532.21	8931.35	18.58	9335.79	10822.06	15.92	8231.96	10370.21	25.97
西藏自治区	25750.22	24237.46	-5.87	23845.23	24605.62	3.19	26541.85	27454.25	3.44
陕西省	10896.37	11172.06	2.53	13619.44	14155.05	3.93	10703.71	11740.03	9.68

续表

国家或地区	普通小学			普通初中			普通高中		
	2015 年	2016 年	增长率（%）	2015 年	2016 年	增长率（%）	2015 年	2016 年	增长率（%）
甘肃省	9118.26	10321.93	13.20	10187.13	11721.46	15.06	8220.29	9839.95	19.70
青海省	10472.79	11948.81	14.09	13295.04	14915.34	12.19	12795.38	14062.50	9.90
宁夏回族自治区	8034.85	8719.91	8.53	11047.18	11929.40	7.99	9845.02	10899.08	10.71
新疆维吾尔自治区	12929.81	12133.41	-6.16	16999.84	17410.13	2.41	14630.08	14772.19	0.97

资料来源：《教育部　国家统计局　财政部关于 2016 年全国教育经费执行情况统计公告》。

表23　2016 年我国基础教育阶段生均公共财政预算公用经费增长情况

单位：元

国家或地区	普通小学			普通初中			普通高中		
	2015 年	2016 年	增长率（%）	2015 年	2016 年	增长率（%）	2015 年	2016 年	增长率（%）
全国	2434.26	2610.80	7.25	3361.11	3562.05	5.98	2923.09	3198.05	9.41
北京市	9753.38	10308.69	5.69	15945.08	16707.86	4.78	14807.38	18425.09	24.43
天津市	4361.41	4244.66	-2.68	6356.92	5790.51	-8.91	10677.92	7977.08	-25.29
河北省	1770.62	1861.95	5.16	2533.69	2695.48	6.39	2613.66	2427.95	-7.11
山西省	2021.33	2159.49	6.84	2535.94	2821.68	11.27	1998.26	2527.16	26.47
内蒙古自治区	2885.38	3352.30	16.18	4011.43	4545.55	13.31	4388.45	4328.76	-1.36
辽宁省	1966.86	2057.11	4.59	2809.37	2688.60	-4.30	2273.29	2276.37	0.14
吉林省	2882.10	3080.98	6.90	3770.65	4030.77	6.90	2811.92	3372.95	19.95
黑龙江省	2736.59	2949.65	7.79	3527.43	3678.59	4.29	2795.99	2631.22	-5.89
上海市	6983.97	6985.13	0.02	8642.69	9041.92	4.62	10183.46	11061.46	8.62
江苏省	3081.26	2844.23	-7.69	4246.20	4076.18	-4.00	4009.02	4107.54	2.46
浙江省	2229.03	2741.46	22.99	3225.23	3850.89	19.40	4104.39	4771.53	16.25
安徽省	2520.97	2871.49	13.90	3611.80	4073.36	12.78	2161.44	2440.40	12.91
福建省	2500.47	2705.08	8.18	3234.93	3677.11	13.67	2178.03	2533.03	16.30
江西省	2672.51	2949.11	10.35	3930.96	4065.25	3.42	4270.90	4436.09	3.87
山东省	2053.95	2192.00	6.72	3526.70	3602.23	2.14	2631.76	2711.17	3.02
河南省	1954.99	1980.88	1.32	3168.36	3082.13	-2.72	2260.98	2304.39	1.92
湖北省	2825.25	2842.89	0.62	3898.82	4083.41	4.73	3718.44	4063.41	9.28
湖南省	2383.31	2377.86	-0.23	3069.44	3215.97	4.77	1631.64	2253.82	38.13

续表

国家或地区	普通小学			普通初中			普通高中		
	2015 年	2016 年	增长率（%）	2015 年	2016 年	增长率（%）	2015 年	2016 年	增长率（%）
广东省	2251.09	2489.27	10.58	2947.44	3278.49	11.23	2601.07	3092.79	18.90
广西壮族自治区	1748.87	2049.22	17.17	2545.93	2863.90	12.49	2087.96	2735.46	31.01
海南省	3485.96	4171.77	19.67	4923.72	5939.41	20.63	6050.75	7376.20	21.91
重庆市	2940.79	3416.73	16.18	3340.42	3905.74	16.92	3144.15	3810.87	21.21
四川省	1983.24	2337.49	17.86	2514.71	2905.91	15.56	1858.36	1959.95	5.47
贵州省	1785.02	2024.45	13.41	2233.70	2498.66	11.86	2100.37	2337.53	11.29
云南省	1948.57	2187.85	12.28	2695.30	2840.87	5.40	2213.39	2885.07	30.35
西藏自治区	8728.22	7600.47	−12.92	5751.01	5980.63	3.99	7208.29	8297.53	15.11
陕西省	3563.14	3554.27	−0.25	4195.93	4093.82	−2.43	4075.77	4048.29	−0.67
甘肃省	2116.95	2588.47	22.27	2499.15	2828.00	13.16	1710.62	2111.20	23.42
青海省	3260.35	3028.22	−7.12	4343.68	3906.87	−10.06	4229.10	3815.66	−9.78
宁夏回族自治区	3158.89	3140.41	−0.59	4534.91	4359.20	−3.87	2661.57	2614.39	−1.77
新疆维吾尔自治区	2389.88	2528.65	5.81	4166.55	4252.55	2.06	3001.12	3463.06	15.39

资料来源：《教育部 国家统计局 财政部关于 2016 年全国教育经费执行情况统计公告》。

（三）公共教育服务供给过程存在不均等现象

尽管我国教育普及水平在日益提高，但"择校热""学区房""流动人口子女教育"等人民群众反映强烈的问题说明，基础教育领域的区域差距、城乡差距、校际差距、群体差距依然较大。以 2019 年 5 月教育部印发的《关于严格规范大中小学招生秩序的紧急通知》为例，该通知要求"各地各校严格遵守国家有关法律、严格执行中小学招生'十项禁令'、高校考试招生'八项基本要求'和'30 个不得'、招生信息'十公开'等规定，进一步完善监管机制，确保考试招生工作有序实施"。这从一个角度反映了当前在我国公共教育服务供给过程中仍存在不均等的问题，特别是从"紧急通知"的文件形式来看，部分地区大中小学招生过程中存在的不规范现象还比较严重。

（四）优质公共教育服务资源不充足

落实立德树人根本任务，发展素质教育，培养德智体美劳全面发展的社会主义建设者和接班人是我国教育领域的重大战略任务。但是与日益提高的发展要求相比，我国优质公共教育服务资源不充足，这主要体现在各级各类学校办学模式和培养模式"千人一面"的现象还不同程度地存在，中小学课业负担过重现象仍然在一定范围内存在，可供家长和学生选择的优质特色公共教育服务资源不多，特别是不断加深的留学"低龄化、尖子化、工薪化"的发展趋势从一个角度也反映了我国优质公共教育服务资源不充足的问题。

仅以我国赴美留学生情况为例。美国国际教育协会（Institute of International Education）和美国国家教育文化署（U. S. Department of State's Bureau of Educational and Cultural Affairs）2015 年 11 月 16 日发布的"Open Doors Report on International Educational Exchange"的相关统计资料显示，2014~2015 学年，美国的国际学生数增速达到过去 35 年的最高纪录（10%），有 974926 名国际学生在美国的各级各类高等教育机构（Colleges and Universities）中学习。该报告显示，尽管美国出国学习的人数在过去 20 年中翻了 3 倍，在 2013~2014 学年增加了 5%，达到了 2008 年金融危机以来的最高增速，但仍然只有 304467 人，一直以来只有 10% 的美国学生会在大学毕业之前到境外学习。[1] 但与上一学年相比，2014~2015 学年在美国高等教育机构中注册的国际学生增加了 88874 名。印度、中国和巴西学生增加是导致美国校园中国际学生增加的

---

[1] 美国国际教育协会，http：//www. iie. org/Who – We – Are/News – and – Events/Press – Center/Press – Releases/2015/2015 – 11 – 16 – Open – Doors – Data。

主要原因。中国仍然是美国国际学生来源的第一大国，与上年相比在美的中国留学生增加了 11%，达到 304040 人。中国和印度国际学生的增加数，占到了美国国际学生增加数的 67%，两国在美学生的总数达到了美国高等教育国际学生总数的 45%。需要强调的是，该报告还显示，美国本科层次增加的国际学生主要来自中国，虽然与前几年相比，增长幅度有所回落，但 2014～2015 学年仍然是赴美本科层次的留学生超越研究生层次的留学生的第一年。这从一个角度显示我国的留学低龄化趋势在加深。因此，如何更好地应对全球化对世界教育发展态势带来的影响，特别是经济科技教育占优势的西方发达国家给我国教育发展带来的压力和挑战，也是我国公共教育服务体系建设必须面对的重大挑战。

（五）公共教育服务体系支撑服务经济社会发展的能力不强

当前，"从世界科技发展大势看，新一轮科技革命和产业变革正在重构全球创新版图、重塑全球经济结构，科学技术从来没有像今天这样深刻影响着国家前途命运，从来没有像今天这样深刻影响着人民生活福祉"[①]。但是作为促进科技创新和应用的基础，我国公共教育服务体系仍然存在支撑服务能力不强的问题。

以 2016 年 9 月 QS 发布的 2006—2017 年度世界大学排行榜为例，全球排名前 10 的高校名单中，美国占有 5 席、英国占有 4 席；在全球排名前 50 的高校名单中，美国占有 19 席，英国占有 9 席，优势明显。清华大学、北京大学仅名列第 24、39 名。此外，世界知识产权组织 2013 年对 148 个国家的专利申请情况进行追踪后得出结论：美国仍然是全球最大的创新者，其专利申请量占全世界总量的 27.9%，主要由大学助推，在专利申请量最多的前 10 所大学中，美国大学占了 9 所。

---

① 《新一轮科技革命形势逼人挑战逼人使命逼人》，《人民日报》2018 年 5 月 29 日。

与此相比，我国大学的贡献薄弱，作用远未得到充分发挥（北京大学和清华大学在教育机构申请人排名中分别占据第 14 位和第 21 位）。[①]这从一个角度说明加快建设高水平大学与加快经济转型升级是相辅相成的，通过深化改革进一步提升我国高校支撑经济转型升级能力的必要性和空间都非常大。

（六）公共教育服务供给方式还比较单一

拥有世界上最大规模的教育人口，同时又是一个处在社会主义初级阶段的发展中大国，中国要建立世界一流的现代化的公共教育服务体系，就必须切实落实教育优先发展战略定位，不断深化教育投资体制改革，通过充分调动全社会投资教育的积极性，建立多渠道筹措教育经费、各方面合理分担教育成本的有效机制，千方百计增加教育投入，不断提高教育发展保障能力。但是，相对来说，我国公共教育服务投入体制还比较单一和僵化。

以 2016 年的非财政性教育经费为例。2016 年，全国非财政性教育经费为 7492 亿元，占全国教育经费总投入的 19.3%，其中：事业收入6277 亿元（其中学费收入 4771 亿元），占 83.8%；民办学校中举办者投入 203 亿元，占 2.7%；捐赠收入 81 亿元，占 1.1%；其他为 931 亿元，占 12.4%。[②] 换言之，当前我国教育经费投入的结构性失衡问题还没有得到根本性改变，民办学校举办者投入和社会捐赠收入占教育总投入的比重还不高，潜力有待进一步挖掘，通过健全政府补贴、助学贷款、基金奖励、捐赠配比等激励政策，鼓励和引导社会力量兴办

[①] 桑锦龙：《关于"十三五"时期首都高等教育改革发展重点的初步认识》，《北京教育》（高教版）2015 年第 1 期。

[②] 《国务院关于国家财政教育资金分配和使用情况的报告——2017 年 12 月 23 日在第十二届全国人民代表大会常务委员会第三十一次会议上》，中华人民共和国财政部官网，http：//www.mof.gov.cn/zhengwuxinxi/caizhengxinwen/201712/t20171225_ 2787543.htm。

教育的任务还很迫切。①

　　总之，上述问题既相对独立，又彼此交织影响，成为制约新时代我国教育现代化建设的重大挑战，是我国公共教育服务体系建设必须面对的重大课题。

二　实现教育协调发展是我国教育改革发展的时代主题

　　由于我国过去较长时间内一直处在教育普及阶段，同时目前教育普及任务还未完成，未来进一步提高教育普及程度的任务还很繁重，因此教育规模进一步扩大不可避免，由此带来的教育体系的分化和复杂程度还会增加。再加上不同社会群体的教育观念不统一、经济社会发展对人才需求日益多样，因此如何在建设教育强国、人力资源强国过程中实现我国"教育协调发展"自然成为教育发展的重要命题，也使越来越多的人认识到必须把促进"教育协调发展"作为指导我国教育未来中长期发展的基本原则和战略方针之一。

　　总体来看，随着教育普及化程度的提高，特别是围绕解决我国教育发展中存在的一系列不平衡不充分的问题，实现教育协调发展已经成为我国教育改革发展的时代主题。具体而言，这与两大背景因素密切相关。

　　一是改革开放以来，特别是近 40 年来我国教育普及化程度迅速提高，教育总体发展水平已经进入世界中上行列。到 2017 年，我国学前三年毛入园率达到 77.4%，达到了中等收入国家水平。义务教育阶段小学净入学率 99.9%，初中毛入学率 104%，巩固率 93.4%，超过了中等收入国家水平（其中小学和初中的入学率超过了高收入国家水平）。

---

　　①　吴国生：《坚持依法理财　推动实现教育现代化》，《中国教育报》2014 年 12 月 3 日。

高等教育毛入学率 42.7%，进入国际公认的大众化阶段，高等教育在学总规模超过 2700 万人，居世界第一。可以说，我国用不到 20 年的时间基本完成了基础教育的普及化任务。同时，高等教育进入大众化阶段；各类职业教育发展速度也很快，规模总量占据高中阶段教育和普通高等教育总规模的一半。由于教育发展速度很快，教育总体规模越来越大，教育内部的类型、层次、结构分化也日益加速，由此带来的各级各类教育（例如学前教育与义务教育，基础教育与高等教育，普通教育与职业教育，公办教育与民办教育，学校教育与校外教育、线上教育等）的衔接沟通问题越来越突出。

二是教育与经济社会发展的协调任务日益突出。早在 21 世纪初，我国教育研究工作者就敏锐地指出，在我国经济快速增长的背景下，"低水平、不全面、不平衡的教育与人力资源开发与经济社会发展的迫切需求尤其是与人民群众日益增长的足量优质多元需求之间的矛盾"[①] 正在成为我国教育发展的主要矛盾。换言之，教育领域是我国最早感受到社会主要矛盾发生变化的领域之一。特别是义务教育均衡化问题、流动人口子女教育问题、中高考公平问题、高校毕业生就业难问题等热点难点问题，使得很多人士确信如果不从教育与经济社会相互联系的角度予以考虑，而仅考虑某级某类教育的内部因素调整，将很难在解决上述问题上实现有效突破。简言之，促进教育与经济社会协调发展已经成为我国教育普及水平不断提高后提出的重大战略主题。

综合来看，随着教育协调发展任务的日益迫切，相关讨论在教育研究领域日益增多，主要内容包括以下四个方面。

[①] 中国教育与人力资源问题报告课题组：《从人口大国迈向人力资源强国》，高等教育出版社，2003，第 3 页。

（一）促进教育与经济社会协调发展

这一维度实际上强调的是"教育协调发展"的外部规定性，考察的是教育发展目标或社会功能的实现状况。有研究将这种"协调发展"的内涵定性描述为"适应社会经济发展的要求，为社会经济发展培养充分、适用、多样、优秀的人才，并为未来社会经济发展做好人才储备"[①]。在具体的评估上，人们通常会把毕业生就业率、雇主满意度等教育的"输出"性指标（Output of Educational Institutions and Outcomes of Impact of Learning）以及青少年犯罪率甚至自杀率等逆向指标看作主要的监测指标。需要指出的是，尽管在这类讨论中，"促进教育与经济社会协调发展"是教育协调发展讨论的核心内容，不过由于教育发展既有直接、当前和显见的社会效益，也有着许多间接、长远和潜在的社会功能，因此通过量化指标全面监测"教育与经济社会协调发展"程度一直是非常困难的课题，同时，在具体的政策讨论中它也极易成为或经常性成为一项相对抽象的"原则"。

（二）促进各级各类教育协调发展

相对于促进"教育与经济社会协调发展"的讨论，在我国教育政策文本中关于促进"各级各类教育协调发展"的讨论不仅众多，而且观点庞杂。究其原因，主要在于"各级各类教育"的分类标准并不统一。在讨论"各级各类教育协调发展"时，除了包括通常大家熟知的普通教育与职业教育等国民教育体系分类的协调发展之外，相关讨论涉及的领域还包括学校教育、家庭教育、社会教育协调发展；正规教育、非正规教育、非正式教育协调发展；职前学历教育与职后继续教育协调

---

① 朱永新：《教育协调发展的重点领域、方面和对象》，《科学时报》2009 年 2 月 6 日。

发展；东部教育、中部教育和西部教育协调发展；农村教育和城市教育协调发展；基础教育、职业教育和高等教育协调发展；民办教育和公办教育协调发展；精英教育与大众教育协调发展；文科教育和理科教育协调发展等。有的研究在讨论"教育协调发展"时，甚至只是指向某级某类教育的自身或内部，例如"促进基础教育的协调发展""促进义务教育协调发展"等。简言之，在我国有关促进"各级各类教育协调发展"的政策讨论中，人们对"各级各类教育"的分类并不一致，既有以教育本身的属性及分类来分析的，也有以教育管理机制、形式、空间以及教学过程等方面的分类来分析的，因此人们对于"教育协调发展"的内涵理解并不一致，有的把它作为教育发展的基本原则或教育发展的理想状态，有的则把它作为具体和基本的工作方法或原则，因而相关概念呈现出侧重点或关注点并不相同的特征。

但是，如果立足于"国民教育体系分类"的"各级各类教育"概念来看有关"各级各类教育的协调发展"的讨论，可以发现其重点主要是研究如何形成教育内部的最佳结构特征或者教育体系各个部分合理的依存和比例关系。从相关判断标准来看，各级各类教育的比例关系或各级教育升学率的合理性通常被视为主要指标。例如，有研究认为1999年我国小学、初中和普通高中毕业生升入高一级学校的比例分别为94.4%、49.5%、63.8%，与高等教育相比，高中阶段教育发展明显滞后。该研究认为这种情况若持续下去，不仅会危及义务教育的巩固，也会制约高等教育的发展，并认为这就是各级教育之间不协调发展的重要特征。[①] 但是，目前这方面的研究还很薄弱，有关的政策措施也备受争议，例如当前我国教育政策中有关"普通高中和中等职业学校招生比例大体相当"的要求是否对全国各地都适用以及"高等教育毛入学率"

---

① 郝克明：《当代中国教育结构体系研究》，广东教育出版社，2001，第198页。

是否越高越好的讨论就反映了这方面的问题。此外，教育投入在各级各类教育之间的合理分布也被认为是监测"各级各类教育协调发展"程度的重要指标之一，例如既定地区的财政性教育投入中高等教育和基础教育投入所占比例。一般认为基础教育应该是政府重点保障的基本公共教育服务，因此应该在政府的财政性教育支出中所占比例较大，否则会给基础教育发展带来不利因素，并直接导致各级各类教育的不协调发展。

综合来看，目前这方面的讨论主要采用比较研究（例如国别比较）的方法，把发达国家和地区的教育结构，特别是各级各类教育的比例关系或各级教育升学率以及教育投入结构作为教育发展或追赶的参照系或常模。但是，由于政治经济制度和历史文化因素不同，发达国家和地区之间在教育制度和体系方面往往也呈现出不同的结构特征，例如学前教育入学率（2005 年丹麦的学前教育总入学率为 91%，而芬兰只有 59%）、高等教育毛入学率（2005 年日本的大学教育总入学率为 54%，而韩国高达 90%）、教育投入占 GDP 的比例（2005 年德国的公共教育支出占 GDP 的比例只有 4.7%，而法国达到 5.9%）等在 OECD 国家之间也有很大的分化[①]，很难找出一个"放之四海而皆准"的最佳教育结构，因而也成为这类研究被人诟病的重要原因。

（三）促进区域（城乡）教育协调发展

从某种意义上看，当前我国有关促进区域（城乡）教育协调发展的讨论实质上也是被纳入广义的"促进各级各类教育协调发展"的讨论中的，只不过这里的"类"是以教育外部的一些社会性特征（例如教育发展的空间）来区分的。这类讨论主要立足我国的城乡教育二元结构和区域教育发展不均衡的基本国情，以缩小区域（城乡）办学条

[①]　世界银行本书编写组：《2007 年世界发展指标》，中国财政经济出版社，2008，第 74 ~ 76、78 ~ 79 页。

件和教育质量差距，实现教育机会均等为重点，具有明显的"教育公平"取向。例如有研究就指出"教育差距既是经济社会差距的结果，也是经济社会差距的原因。教育的协调发展既是社会协调发展的重要组成部分，又是社会协调发展的基础和动力"，"教育差距既表现为城乡之间、地区之间、阶层之间的差距，又表现为不同教育类别之间的差距，如重点学校与非重点学校、普通教育与职业教育、研究型大学与非研究型大学、公办学校与民办学校的差距"①。相应地，这类研究往往通过反映教育资源投入与结果差距的诸多指标来考察教育发展的不协调状况，例如办学条件（校舍、设备以及师资状况等）和教育质量等方面的差距，以及由此导致的不同群体之间教育机会的不均等。简言之，在这类研究看来，"教育协调发展"与"教育公平发展"是同义词，或者说"教育公平发展"本身就是"教育协调发展"的应有之义。

（四）促进教育规模、结构、质量、效益协调发展

相对于上述三个方面的讨论，有关"教育规模、结构、质量、效益协调发展"的提法也很多。但总体来看，人们更多地也是把它作为一种教育发展的基本原则或教育良性发展的理想状况来描述，与实现"教育协调发展"表达的意义相似，很少有人能提出独特的具有操作性的评价模式或标准，同时这类讨论深入到各级各类教育的具体层次时基本上与"各级各类教育协调发展"的讨论没有根本区别。

总之，促进教育协调发展已经成为我国教育改革发展的时代主题，它是我国教育普及化水平日益提高后迫切需要面对的课题，实现教育协调发展需要公共教育服务体系建设能及时呼应现代化建设和人们日益增长的对优质、公平、多样、便捷教育的需求，处理好改革、发展和稳定

---

① 转型期中国重大教育政策案例研究课题组：《缩小差距》，人民教育出版社，2005，第3～4页。

的关系，把握好各级各类教育发展的重点和节奏，但最为重要的基础则是形成与我国政治制度相匹配、与我国经济社会发展水平相适应的公平、优质、开放、创新、充满活力、以终身教育理念为核心的现代化的公共教育服务体系。

三 构建现代化公共教育服务体系促进教育协调发展

当前我国经济社会处于深刻的转型发展期，由于经济、文化、技术的发展迅速，同时社会分工和社会阶层分化程度又在不断加深，对教育的需求日益复杂，因此要实现教育与社会经济协调发展是非常困难的。对于如何实现教育与社会经济协调发展，人们的观点也不一致，总体来看主要有两种思路：其一"以变应变"，认为急需建立一种需求导向型的教育发展机制，使教育发展能紧跟我国经济、社会与科技的发展，通过自身结构的分化与综合，不断适应外部需要。其二"以不变应万变"，强调教育要重视培养人的"核心素养""基本素养"，通过不断提高人才的适应能力、学习能力和创新能力，来实现教育与社会经济协调发展的目标。尽管这两种思路的侧重点不同，但都凸显了形成一个开放灵活、公平有效，既能适应社会需求变化，又具有自主发展逻辑和内在统一性的公共教育服务体系的重要性。

"教育协调发展"既有认识论的意义，也有方法论的意义。从方法论层面来看，它充分说明随着我国教育普及程度的不断提高，我国教育发展机制正在经历着从"供给约束型"向"需求约束型"的历史性转变，完成教育发展模式转型的任务，即从规模扩张为主向内涵发展为主、从追求发展速度为主到优化教育结构为主、从封闭式发展为主向开放式发展为主转变的任务的要求日益迫切。具体来说，在公共教育服务体系建设中要努力把握和落实以下政策取向。

（一）坚持公平导向，切实落实教育公平基本国策

要把努力消除由公共教育服务体系自身发展的不平衡而造成的不平等或者抵消由社会不公平导致的公共教育服务体系内部各个子系统之间发展的不均衡作为现代化公共教育服务体系建设的重要着力点。如前所述，要坚持用历史唯物主义和辩证唯物主义的基本原理分析我国现存的教育现象，既要充分认识社会关系对教育性质的决定性作用，看到我国公共教育服务体系具有的社会主义性质，同时也要准确把握公共教育服务体系对社会关系形成的制约作用，清醒地认识社会主义初级阶段我国教育发展中存在的区域差距、城乡差距、校际差距特别是群体差距问题。通过积极推进公共教育服务体系的现代化，阻断贫困代际传递，将人民群众的"满意度""获得感"作为判断教育改革成效的重要指标，保障每个人平等享有受教育权利，努力提供公平、优质、包容的教育，让教育改革发展成果更多、更公平地惠及全民，让人人都有人生出彩的机会。

（二）坚持质量导向，推进教育高质量发展

"质量是教育的核心。它决定了学生学习收获的多少和好坏，决定了他们所受的教育能给他们带来多大的益处。寻求使所有学生都能取得适当的学习成果和有助于他们在社会中发挥积极作用的价值观念与技能是几乎每个社会政策性议程中的一大问题。"[①] 随着中国特色社会主义进入了新时代，我国经济已由高速增长阶段转向高质量发展阶段。与此相适应，要把提高教育质量作为构建现代化公共教育服务体系的核心要求。一方面要更加努力地实现教育发展的合规律性，即遵循教育规律、

---

① 联合国教科文组织 2005 年全民教育全球监测报告（EFA Global Monitoring Report 2005）：《全民教育：提高质量势在必行》（*Education for All*: *The Quality Imperative*）。

回归育人本原，把学习者放在更加突出的位置，构建现代育人模式。更加注重终身学习体制建设，努力为每个人在人生不同时期提供丰富多样的学习机会、开放优质的学习资源、灵活便捷的学习方式、绿色友好的学习环境，让学习成为一种生存需要和生活方式。另一方面要更加努力实现教育发展的合目的性，即立足国情和发展的阶段性特征，全面贯彻党的教育方针，落实立德树人的根本任务，将社会主义核心价值观融入人才培养全过程、各环节，着力提高受教育者的道德品质和思想水平。发展素质教育，促进德育、智育、体育、美育和劳动教育有机融合，增强学生社会责任感、创新精神、实践能力，提高身心健康发展水平，培养德智体美劳全面发展的社会主义建设者和接班人。

（三）坚持效率导向，深化教育体制机制综合改革

努力满足社会经济发展对人才和知识创新不断提高的需求，形成与之相适应的教育目标、结构、内容和运行机制。落实《中国教育现代化 2035》《关于深化教育体制机制改革的意见》等重大战略部署，夯实我国公共教育服务体系建设的基础性制度，打造充满活力、富有效率、更加开放、有利于科学发展的教育体制机制，努力实现"人民群众关心的教育热点难点问题进一步缓解，政府依法宏观管理、学校依法自主办学、社会有序参与、各方合力推进的格局更加完善，为发展具有中国特色、世界水平的现代教育提供制度支撑"的战略目标。

第四章
中国公共教育服务体系建设前沿动向

　　公共教育服务体系建设不仅需要自上而下的推动，而且也依赖于自下而上的创新实践。特别是区域发展不平衡是我国的基本国情，东部地区是我国经济社会和教育发展水平最高的区域，在国家现代化建设中扮演探路者、示范者和引领者的角色。因此本章将以"十二五"以来我国京、沪、苏、浙等主要发达地区教育改革与发展的创新实践为例，力求全面总结把握我国公共教育服务体系建设的前沿动向，并对构建中国特色现代化公共教育服务体系有所启示。总体来看，聚焦"实现教育现代化"的发展目标，以"推进基本公共教育服务供给侧改革""建立健全公共教育服务的财政投入体制""积极推进教育治理体系和能力现代化""完善教育质量保障体系""构建全方位对外教育开放体系""建设发达的公共教育信息服务体系"为主体，我国发达地区构建的现代化公共教育服务体系的架构已经基本成型，其中许多创新实践对于推进中国特色现代化公共教育服务体系建设具有重要的启发意义。

一　实现教育现代化：教育发展日益
彰显自主性和创新性

　　发展目标是教育发展战略与规划的核心，在整个教育政策体系中具有举足轻重的作用。随着 2010 年《国家中长期教育改革和发展规划纲要（2010—2020 年）》（以下简称《纲要》）将"基本实现教育现代化、基本形成学习型社会、进入人力资源强国行列"确立为 2020 年我国教育改革与发展的总目标，我国发达地区纷纷把"率先实现教育现代化"作为新的历史时期的教育发展目标（见表 24），并且提出一系列的定性和定量指标。

表 24　国家及部分发达地区面向 2020 年的教育发展战略目标

国家或地区	到 2020 年教育发展目标（摘要）	工作方针
全国	基本实现教育现代化、基本形成学习型社会、进入人力资源强国行列	优先发展、育人为本、改革创新、促进公平、提高质量
北京	到 2020 年实现教育现代化，建成公平、优质、创新、开放的首都教育和先进的学习型城市，进入以教育和人才培养为优势的现代化国际城市行列	优先发展、统筹协调、优质育人、改革创新
上海	率先实现教育现代化，率先基本建成学习型社会，努力使每一个人的发展潜能得到激发，教育发展和人力资源开发水平迈入世界先进行列	促进公平、追求卓越、推动创新、服务发展
江苏	教育发展主要指标达到国际先进水平，率先实现教育现代化，建成学习型社会和人力资源强省	优先发展、育人为本、促进公平、改革创新、提高质量、服务社会
浙江	到 2020 年，实现教育现代化，基本建成教育强省、人力资源强省和学习型社会，教育主要发展指标达到届时发达国家平均水平	提高质量、实现公平、促进协调、增强活力
广东	建立起高水平的现代国民教育体系和终身教育体系，形成充满活力、富有效率的教育体制机制，建成满足人民群众多层次、多样化学习需求的学习型社会。珠江三角洲地区和其他地级市城区教育发展整体水平达到发达国家平均水平，其他区域达到中等发达国家平均水平，基本建成教育强省和人力资源强省，成为国家教育综合改革示范区	优先发展、育人为本、改革创新、促进公平、提高质量

资料来源：国家及各地《中长期教育改革与发展规划纲要（2010—2020 年）》。

总体来看，建成学习型社会，教育发展指标以及人力资源开发水平达到世界先进水平成为各地界定"教育现代化"内涵的主要内容。从具体的发展目标特别是量化指标设计来看，高水平普及15年教育（从学前3年教育至高中阶段教育）、进入高等教育普及化阶段、大力发展继续教育、普及基础教育阶段校园网、显著提升教育国际化程度、持续提升主要劳动年龄人口教育程度成为发展目标的主要监测指标。此外，对于北京和上海而言，高等教育资源的密集程度（例如每10万人口在校大学生数）也成为监测的重点内容，而个别地区还把义务教育阶段的师资素质（例如上海）、高等教育的产出（例如江苏）等作为监测发展的重要指标（见表25、表26）。简言之，与国内其他地区相比，我国发达地区的教育发展凸显出自主性和创新性不断增强的态势，地方政府在教育发展中的主动性、积极性和创造性不断提高，引导学校回归育人本原，优化教育管理，增强教育服务和引领区域经济社会发展的能力成为关注的重点。

表 25 我国部分发达地区面向 2020 年教育发展相同指标

监测内容	国家或地区	各地指标表述	2009 年	2015 年	2020 年
学前教育	北京	学前三年毛入园率(%)	90.3	95	99
	上海	学前三年毛入园率(%)	95.5	98	99
	江苏	学前三年教育毛入园率(%)	—	—	98 以上
	浙江	学前三年入园率(%)	94.8	95	97
	广东	学前三年毛入园率(%)	77.3	90	90 以上
	全国	学前三年毛入园率(%)	50.9	60.0	70.0
高中阶段教育	北京	高中阶段教育毛入学率(%)	98	99	99
	上海	高中教育阶段入学率(%)	90	97	99
	江苏	高中阶段教育毛入学率(%)	—	—	95 以上
	浙江	高中阶段教育毛入学率(%)	92	95	98
	广东	高中阶段教育毛入学率(%)	79.9	90	90 以上
	全国	高中阶段教育毛入学率(%)	79.2	87	90

续表

监测内容	国家或地区	各地指标表述	2009 年	2015 年	2020 年
新增劳动力人口平均受教育年限（年）	北京	新增劳动力平均受教育程度	14	15	15.5
	上海	新增劳动力平均受教育年限	13.8	14.7	15
	江苏	新增劳动力人均受教育年限	—	—	15 以上
	浙江	新增劳动力平均受教育年限	12.6	13	14
	广东	新增劳动力平均受教育年限	12.07	14	14 以上
	全国	新增劳动力平均受教育年限	12.4	13.3	13.5

资料来源：国家及各地《中长期教育改革与发展规划纲要（2010—2020 年）》。

表 26　我国部分发达地区面向 2020 年不同教育发展指标

维度	国家或地区	具体指标	2009 年	2015 年	2020 年
义务教育	北京	义务教育毛入学率（%）	105	100 以上	100 以上
	上海	义务教育阶段毛入学率（%）	99.5	99.9	99.9
		残疾儿童义务教育阶段入学率	M95.5	97.5	99
		义务教育专任教师中本科及以上学历人员比例（%）	69.9	85	95
	江苏	义务教育巩固率（%）	—	—	99 以上
	浙江	九年义务教育巩固率（%）	99.9	99.9	99.9
	广东	小学适龄儿童入学率（%）	99.88	100	100
		小学五年保留率（%）	100	100	100
		初中生年辍学率（%，含转入转出差）	4.25	1.2 以下	1 以下
	全国	九年义务教育巩固率（%）	90.8	93	95
高等教育	北京	每 10 万人口在校大学生数（人）	6369	6700	6700
	上海	每 10 万人口在校大学生数（人）	4318	5140	5200
	江苏	高等教育毛入学率（%）	—	—	60 以上
		高校应用研究开发成功转化率（%）	—	—	80 以上
		高校毕业生初次就业率（%）年终就业率（%）	—	—	70 以上 90 以上
	浙江	高等教育毛入学率（%）	43	50 以上	60 以上
	广东	高等教育毛入学率（%）	27.5	36	50
	全国	高等教育毛入学率（%）	24.2	36.0	40.0
教育国际化	北京	外国留学生规模（万人次）	7.1	12	18
	上海	普通高等学校在校生中留学生比例（%）	6.2	11.0	15.0
	江苏	留学生占普通本科高校在校生比例（%）	—	—	5 以上

续表

维度	国家或地区	具体指标	2009年	2015年	2020年
教育国际化	浙江	普通高校在校生中留学生比例(%)	—	2	4
		专任教师留(访)学3个月及以上比例(%)	—	15	20
		大学生中具有国(境)外学习经历比例(%)	—	2	—
人力资源开发	北京	主要劳动年龄人口受过高等教育的比例	35	40	48
	上海	25~64岁大专及以上人口比例(%)	24.0	35	47
	江苏	主要劳动年龄人口平均受教育年限(年) 其中:受过高等教育的比例(%)	— 	— 	12.2 25.8
	浙江	主要劳动年龄人口平均受教育年限(年) 其中:受过高等教育的比例(%)	8.8 9.3	11 15	12 20
	广东	主要劳动年龄人口(20~59岁)平均受教育年限(年)其中:受过高等教育的比例(%)	9.70 9.5	11.23 15	12以上 20
	全国	主要劳动年龄人口平均受教育年限(年) 其中:受过高等教育的比例(%)	9.5 9.9	10.5 15.0	11.2 20.0
教育信息化	北京	基础教育阶段建网学校比例	90.8	97	100
	上海	小学建网学校比例(%)	82.4	96	100
	江苏	国家教育信息化标准达标率(%)	—	—	90以上
	浙江	中小学建网学校比例(%)	—	90	100
继续教育	江苏	从业人员继续教育年参与率(%)	—	—	60以上
	浙江	从业人员继续教育(万人次)	360	370	380
	广东	从业人员继续教育(万人次)	600	800	1080
	全国	从业人员继续教育(万人次)	16600	29000	35000

资料来源:国家及各地《中长期教育改革与发展规划纲要（2010—2020年）》。

从"十二五"以来各地的具体教育改革发展实践来看,与"率先实现教育现代化"战略目标相关的重大战略部署和政策动态有如下四个方面。

（一）持续扩大省级政府教育统筹权,推动区域教育与经济社会协调发展

当前随着我国教育普及程度的逐渐提高,教育规模越来越大,教育

体系的分化和复杂性日益增强，再加上不同社会阶层教育观念相异和经济社会发展对人才需求日趋多样，因此，实现"教育与经济社会协调发展"成为教育改革与发展中最突出的目标任务，而以提升地方教育管理权限和自主性为主要特征的"加强省级政府教育统筹"自然也成为各地特别是发达地区最重要的战略选择之一。

以北京为例，早在 2004 年 7 月发布的《中共北京市委北京市人民政府关于实施首都教育发展战略率先基本实现教育现代化的决定》和《首都教育 2010 发展纲要》中，就明确把"资源统筹"作为实施首都教育发展战略必须坚持的四个方针之一。进入"十二五"以来，进一步加强教育资源统筹的战略意图更加凸显。2011 年发布的《北京市中长期教育改革和发展规划纲要（2010—2020 年）》不仅提出"以统筹协调为重点"的总体设想，而且仍然将"统筹协调"作为战略方针之一，要求"统筹教育与经济社会协调发展，统筹城乡与区域教育均衡发展，统筹中央和地方、学校和社会以及中外教育资源优势，统筹各级各类教育科学发展"。

党的十八大之后，扩大省级政府教育统筹权上升为国家战略。《纲要》《国家教育事业发展第十二个五年规划》做出相关部署之后，党的十八届三中全会通过的《中共中央关于全面深化改革若干重大问题的决定》再次提出要扩大省级政府教育统筹权。与此相一致，北京市、上海市、广东省、深圳市分别成为全国加强省级政府教育统筹综合改革的七个试点省市之一。[①] 同时，2014 年 7 月，国家教育体制改革领导小组第十一次会议原则同意"两校一市"方案，即北京大学、清华大学和上海市开展教育综合改革方案[②]，赋予

---

① 《教育部公布重点领域综合改革和省级政府教育统筹综合改革试点》，新浪网，http://news.sina.com.cn/s/2010-12-27/112521712810.shtml。

② 《教育部 2015 年工作要点》，中国教育新闻网，http://www.jyb.cn/china/gnxw/201502/t20150212_613115.html。

它们更大的改革自主权。此外，根据2014年9月国务院印发的《关于深化考试招生制度改革的实施意见》，上海市、浙江省分别出台高考综合改革试点方案，试点要为其他省（区、市）高考改革提供依据。

再以上海为例。在启动教育综合改革时就明确提出"上海已到了必须以综合性的制度创新引领教育转型发展的时期"，强调改革的目的就是要通过系统实施教育综合改革，聚焦重点补好短板，创造和释放制度创新的红利，助推上海中长期教育改革发展目标顺利实现，为全国教育综合改革积累和分享更多的经验。综合分析其主要的改革内容，主要包括以下几个方面：首先，积极对接服务国家教育改革发展战略，积极承担一些重大教育改革问题的实践探索任务（例如构建大中小学一体化德育体系以及推进高考综合改革国家试点等），同时还承担面向全国辐射优质教育资源与服务的任务。其次，强化省级政府教育综合改革统筹，从规划、投入和评价三个方面加大对上海教育发展的统筹力度。例如，先后制定出台了《上海高等教育布局结构与发展规划（2015—2030年）》《上海现代职业教育体系建设规划（2015—2030年）》，实现了对区域高等教育和职业教育的统筹规划管理。另外，还出台了地方性法规《上海市教育督导条例》，探索构建了多元主体（尤其是引入第三方教育服务机构）参与评估的机制。最后，聚焦基础教育优质均衡发展问题，通过推行"学区化""集团化"办学等方式，加强基本公共教育服务体系均衡化建设。此外，上海市还持续深化教育管理体制机制改革，开展了民办学校分类管理改革试点、教育行政执法体制改革试点等具有创新性的改革探索。①

① 苏明：《释放制度创新红利　全面推进教育现代化——上海市教育综合改革的思路与举措》，《人民教育》2016年第8期。

　　总之，概括分析目前我国的相关政策部署①、试点城市的实践②和相关研究③，可以看出在我国的现行行政管理体制中，省级政府是相对独立的区域经济社会发展单位，相对于中央政府，它是地方政府，具有贴近基层、就近管理的优势；相对于市、县，它又是上级政府，具有很强的行政管理权威和统筹协调能力，因此在我国的行政管理体系中处于承上启下的关键地位。"省级政府教育统筹权"主要是指在中央政府的统一领导下，各省级政府自主确定教育改革和发展目标、规划重点工作，切实履行促进教育发展、不断满足现代化建设和人民群众日益增长的教育需求的职责。作为当前我国教育管理体制改革的重大部署之一，"加强省级政府教育统筹"就是强调要在新的历史时期更好地处理中央和地方的关系，其主要特征就是要提高教育适应区域经济社会发展（阶段性特征）的能力，希望通过降低教育决策的层级，提高教育决策的针对性、实效性，充分发挥或突出地方（省级政府）发展教育、深化教育体制改革的积极性、主动性、创造性，关键环节是理顺中央与地方各级政府教育管理权限和职责，通过健全省级政府统筹管理教育的制度，在破解各地教育改革与发展中的一些突出问题上取得积极进展。④我国发达地区总体经济社会发展水平较高（见图3），教育现代化建设

① 《省级政府教育统筹》，中华人民共和国教育部官网，http：//www. moe. gov. cn/publicfiles/business/htmlfiles/moe/s6811/201209/141494. html。

② 《深圳市省级政府教育统筹综合改革试点实施方案》，中华人民共和国教育部官网，http：//old. moe. gov. cn/publicfiles/business/htmlfiles/moe/s4934/201012/113097. html；《安徽省人民政府关于开展省级政府教育统筹综合改革试点的实施意见》，安徽省人民政府官网，http：//xxgk. ah. gov. cn/UserData/DocHtml/700/2013/12/5/841594631148. html。

③ 胡瑞文：《加强省级政府教育统筹，推进教育科学发展》，中华人民共和国教育部官网，http：//www. moe. gov. cn/publicfiles/business/htmlfiles/moe/s4933/201012/113121. html；王湛：《推进省级政府教育统筹综合改革的关键是政府到岗履职》，中国教育新闻网，http：//www. jyb. cn/china/gnxw/201012/t20101227_ 408141. html；袁振国：《加强省级政府教育统筹是历史阶段的新要求》，中国教育新闻网，http：//china. jyb. cn/gnxw/201012/t20101227_ 408143. html 等。

④ 桑锦龙：《扩大北京市级政府教育统筹权的思考》，《前线》2014 年第 11 期。

水平在全国处于领先地位（见表27），因此面临的教育改革与发展问题与其他地区有所不同，因而对于"扩大省级政府教育统筹权"有着更加紧迫的需求。

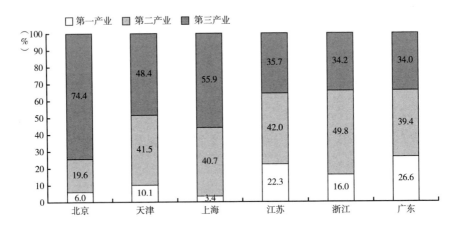

图3　2010 年发达地区三次产业从业人员所占比重比较

资料来源：第六次全国人口普查资料。

表27　2000 年、2010 年发达地区每 10 万人口拥有的各种受教育程度人口

单位：人

区域	小学			初中		
	2000 年	2010 年	增减幅度	2000 年	2010 年	增减幅度
全国	35701	26779	- 25.0%	33961	38788	14.2%
北京市	16963	9956	- 41.3%	34380	31396	- 8.7%
天津市	25031	17049	- 31.9%	34590	38150	10.3%
上海市	18934	13535	- 28.5%	36803	36461	- 0.9%
江苏省	32881	24176	- 26.5%	36373	38670	6.3%
浙江省	33622	28819	- 14.3%	33336	36681	10.0%
广东省	33145	22956	- 30.7%	36690	42913	17.0%
区域	高中(含中专)			大学程度		
	2000 年	2010 年	增减幅度	2000 年	2010 年	增减幅度
全国	11146	14032	25.9%	3611	8930	147.3%
北京市	23165	21220	- 8.4%	16839	31499	87.1%
天津市	20851	20654	- 0.9%	9007	17480	94.1%

续表

区域	小学			初中		
	2000 年	2010 年	增减幅度	2000 年	2010 年	增减幅度
上海市	23018	20966	－8.9%	10940	21952	100.7%
江苏省	13039	16143	23.8%	3917	10815	176.1%
浙江省	10758	13562	26.1%	3189	9330	192.6%
广东省	12880	17072	32.5%	3560	8214	130.7%

资料来源：各省市 2000 年第五次、2010 年第六次全国人口普查主要数据公报。

（二）统筹规划区域教育发展，大力推进教育发展方式转变

将"率先实现教育现代化"确立为教育改革与发展目标后，我国发达地区必须回答的问题就是："基本教育现代化"与"教育现代化"的具体内涵是什么？二者究竟有何区别？关于这些问题，学术界的讨论比较多，观点差别很大。有人认为基本实现教育现代化就是达到中等发达国家的教育发展水平，实现教育现代化就是达到发达国家的教育发展水平；还有人认为，基本实现教育现代化是指实现城市的教育现代化，而教育现代化则具有城乡统筹、整体实现的属性；还有人从教育发展基本要素来说，认为基本实现教育现代化是指在一些教育发展的要件或要素方面实现了现代化（例如办学条件），而教育现代化则是全面的、全要素的现代化（例如物质层面、制度层面、思想观念层面的现代化等）。[①]

从目前的我国发达地区的政策阐释来看，各地普遍认为"基本实现教育现代化"的根本标志就是教育的普及化和办学条件的现代化任务的完成，而"教育现代化"就是更加协调、更高质量、更有活力的教育发展水平。也正因如此，这些地区普遍认为从"基本实现教育现

① 桑锦龙：《关于教育现代化评估三个基本问题的思考》，载北京教育科学研究院组编《教育现代化的理论进展与实践探索》，北京师范大学出版社，2015，第 106～111 页。

代化"向"实现教育现代化"的迈进,实际上也就是从"普及教育阶段"向"后普及教育阶段"的迈进,关键是顺应经济社会发展的需求、遵循教育自身的发展规律,实现教育发展方式的转变。

例如,北京市就提出推进首都教育现代化,关键要加快转变教育发展方式,走科学发展、内涵发展的道路,包括:坚持把办好人民满意的教育作为转变教育发展方式的出发点和落脚点,努力解决人民群众关注的突出问题;坚持把全面实施素质教育作为转变教育发展方式的主攻方向,切实提高人才培养水平;坚持把提高教育质量作为转变教育发展方式的核心任务,切实推进首都教育内涵发展;坚持把教育改革创新作为转变教育发展方式的强大动力,切实深化教育体制机制改革;坚持把服务国家和首都经济社会发展作为转变教育发展方式的基本要求,切实发挥教育的重大引领作用。① 《上海市教育综合改革方案》也提出,上海已经完成基本实现教育现代化的主要任务,正朝着率先实现教育现代化的目标迈进,迫切需要从单项改革转变为综合改革,从增量改革推进到存量改革,从表层改革深化到深层改革,以综合性制度创新引领转型,构建三大体系,即以遵循教育规律、回归育人本原为重点,形成促进学生德智体美全面发展和终身发展的育人体系;以加强顶层设计、转变政府职能为重点,形成科学分离而又有机统一的"管办评"制度体系;以加强资源共享、促进融合互补为重点,形成教育与经济社会发展合作共赢协同联动制度体系。

除了省级层面京沪等地提出"实现教育现代化",一些东部沿海的发达地市也提出了实现"教育现代化"的发展目标,推进区域教育的整体转型发展。例如江苏省的苏州市,作为国家发展的前沿城市和长三角地区的重要节点城市,2015 年经济总量达到 1.42 万亿美元,人均

---

① 刘淇:《全面推进首都教育现代化》,《中国教育报》2011 年 3 月 25 日。

GDP 达到 2.2 万美元，达到了发达国家的平均水平。在此背景下，为了适应新常态下经济创新发展和转型升级的要求，尽快形成创新驱动的发展模式，特别是实现国家提出的《苏南现代化建设示范区规划》所确定的目标，即到 2030 年，苏南地区全面实现区域现代化，经济发展和社会事业达到主要发达国家水平，成为经济发达、社会进步、生活富裕、生态良好、民主法治的现代化地区，苏州市从 2013 年开始就率先启动了面向 2030 年的教育发展规划研制工作，统筹规划苏州教育的整体转型发展问题并在出台的《苏州市教育现代化 2030 战略规划 (2016—2030)（建议案）》中明确提出"提前全国 20 年、率先全面实现教育现代化"发展目标，强调要"坚持'教育第一'，把教育摆在苏州各项事业的优先地位；以教育现代化为方向，憧憬未来、凝聚共识，引领全市教育全面、协调、优质、持续发展；以需求为导向，改革供给侧结构，使教育的理念、模式、方式适应学习者全面发展和个性发展需要，使教育特别是高等教育、职业教育、继续教育的结构体系和培养人才的知识技能结构适应经济和社会发展需要；建成终生学习体系和以'互联网＋'为特征的开放的教育供给模式，让全民终身享有学习机会，让全民终身学习成为经济发展、社会进步的基本动力；建成公办与民办教育协同发展，以公办保基本、保公平，以民办适应人们特殊需要的教育供给模式，使人民群众关心教育、支持教育的积极性得以充分发挥"[①]。

概言之，尽管目前有关"经济发展方式"的认识日益清晰，而有关"教育发展方式"的科学讨论并不多（根据 2016 年 3 月 14 日对中国知网 CNKI 有关"教育发展方式转变"主题词的精确检索，相关论文自 2010 年开始出现并逐年增长，共有 42 篇），但从我国发达地区教育改革与发展政

---

① 李仁和：《教育发展与规划制定研究》，人民日报出版社，2017，第 393～425 页。

策动向来看，与经济发展方式转变相类似的议题逐渐体现在发达地区有关教育发展的政策导向中，其核心就是围绕经济发展方式的转变，提升服务国家战略和地区经济社会发展的能力，更加积极地落实教育优先发展的战略，主动适应和满足地区经济社会发展不断提高的要求，更加主动积极推进区域教育的转型发展。具体内容包括：从发展重心来看，更加强调要实现从规模扩展转向内涵发展；从政策导向来看，更加强调要实现从以教育发展为主转变为教育发展与教育公平并重；从教育体系来看，更加强调要实现从面向学龄人口的学历教育体系向面向人人的终身教育体系的转变；从发展动力来看，更加强调要实现从增量改革转向存量改革；从发展形态来看，更加强调要实现从封闭式发展转向开放式发展；等等。

（三）坚持社会主义办学方向，全面强化立德树人根本任务

人的现代化是教育现代化的核心。"十二五"以来，特别是党的十八大以来，更加重视理想信念教育是我国教育改革发展最突出的特征之一。特别是习近平总书记多次对教育问题发表讲话，例如，2013 年 5月 29 日，在北京市少年宫参加"快乐童年放飞希望"主题队日活动时，他提出："实现我们的梦想，靠我们这一代，更靠下一代。少年儿童从小就要立志向、有梦想，爱学习、爱劳动、爱祖国，德智体美全面发展，长大后做对祖国建设有用的人才。"2014 年 2 月 24 日，在中共中央政治局第十三次集体学习时，他更加明确提出培育和践行社会主义核心价值观，要从娃娃抓起、从学校抓起，做到进教材、进课堂、进头脑。2014 年 5 月 5 日，在北京大学师生座谈会上，他指出青年的价值取向决定了未来整个社会的价值取向，而青年又处在价值观形成和确立的时期，抓好这一时期的价值观养成十分重要。这就像穿衣服扣扣子一样，如果第一粒扣子扣错了，剩余的扣子都会扣错，勉励青年学生"人生的扣子从一开始就要扣好"。2014 年 12 月，对第二十三次全国高

等学校党的建设工作会议做出指示时，他再次强调高校肩负着学习研究宣传马克思主义、培养中国特色社会主义事业建设者和接班人的重大任务。他强调，办好中国特色社会主义大学，要坚持立德树人，把培育和践行社会主义核心价值观融入教书育人全过程；强化思想引领，牢牢把握高校意识形态工作领导权；坚持和完善党委领导下的校长负责制，不断改革和完善高校体制机制；等等。与此相适应，更加重视育人导向问题，坚持社会主义办学方向，全面强化立德树人根本任务是我国发达地区教育现代化建设中呈现的突出特征之一。具体包括如下三个方面。

一是强化社会主义核心价值观教育。例如北京市，抓住考试、课堂教学等关键环节，通过颁布实施《北京市中小学培育和践行社会主义核心价值观实施意见》《北京市教育委员会关于印发北京市基础教育部分学科教学改进意见的通知》《北京市深化考试招生制度改革的实施方案》等，强调要全面贯彻党的教育方针，坚持以学生为本，弘扬优秀传统文化，强化学校教育与社会实践的有机结合，引导教育行政管理人员、校长、教师、教科研人员转变作风，树立正确的政绩观、教育观、人才观（见表28）。

二是推进大中小德育一体化建设。例如上海市，以市领导牵头的教育部哲学社会科学重大课题攻关项目"大中小德育课程一体化建设研究"为抓手，以社会主义核心价值观和中华优秀传统文化为指导，架构以"政治认同、国家意识、文化自信和公民人格"为重点的德育顶层内容体系，根据各阶段学生认知特点和接受意趣，构建政治、语文、历史、体育、艺术和地理6门学科德育内容教育序列，并在全国7个省市100余所学校建立实践基地。同时，系统推进中华优秀传统文化教育，涵盖各学段的"中华优秀传统文化经典诵读"系列教材全面走进学校课堂。①

---

① 苏明：《释放制度创新红利　全面推进教育现代化——上海市教育综合改革的思路与举措》，《人民教育》2016年第8期。

三是推动学校、家庭和社会形成育人合力。例如，为了鼓励学生走向社会实践，培养学生综合运用学科知识解决问题的能力、交流与合作的能力、创新意识和实践能力，2015 年北京市颁布了《北京市实施教育部〈义务教育课程设置实验方案〉的课程计划（修订）》，在初一、初二年级开展了"开放性科学实践活动"，引导高校、科研院所、科技馆、企业、社会团体等社会资源单位积极参与开发相关的课程资源。科学实践活动要求初中学生在两年内完成 20 个项目，其中本校选课不超过 30%，每个学期学生要完成 5 个项目的学习，每个项目成员控制在 20~30 人，学生完成项目的次数和质量纳入综合素质评价体系并作为中考的重要依据，因此引起了社会各界的高度关注和积极参与。

家庭是社会的细胞，注重家庭教育是我国的优秀文化传统。"十二五"以来，我国更加重视家庭教育的作用，积极推进家校合作是发达地区教育改革的突出特征之一。例如，2011 年上海市基础教育工作会议就提出要建立健全学校、家庭、社区互动合作机制，并推出了"上海市中小学家校互动机制探索与创新的实践研究"项目，探索适应时代要求的"家校互动"机制。① 综合各地的做法，目前的家校合作主要以满足家长的知情权、参与权、表达权和监督权为主线，主要内容包括推进学校信息（例如收费、膳食等）公开、建立学校与家长的信息化沟通机制、引导家长参与学校管理、家庭教育指导等几个方面。

另外，为了体现政府对社会公众对教育发展的知情权、参与权、表达权和监督权的重视，许多地区还积极开展针对社会公众的教育满意度调查。例如，从 2009 年开始，北京市政府教育督导室就委托第三方机

---

① 尹后庆：《家校互动是转型时期上海中小学校的主动作为》，《上海教育》2013 年第 3 期。

构——北京市教育督导与教育质量评价研究中心每年开展"教育满意度调查"，调查内容主要包括社会公众（主要有学生及家长、人大代表、政协委员、学校干部、教职员、督学、社区工作者、媒体工作者等）对政府职责、学校管理、师资队伍、教育效果四个方面工作的满意度，涵盖的问题包括入学状况、学生课业负担、义务教育均衡化发展、社会教育资源的统筹利用状况等。

表 28　北京市突出社会主义核心价值观的教育教学和考试评价

> 培育和践行社会主义核心价值观。在语文教学中增加优秀传统文化，如古诗词、汉字书法、楹联等内容，引导学生广泛阅读古今文学名著，传承优秀传统文化。
> 推进高级中等学校考试招生改革。重视发挥考试的教育功能，在各科目考试内容中融入对社会主义核心价值观和中国传统文化内容的考查。
> 完善学生综合素质评价制度。综合素质评价要记录学生各方面发展状况，主要包括学生的思想道德、学业成就、身心健康、艺术素养、志愿服务、社会实践和个性发展等方面的实际情况，客观记录学生的成长过程，整体反映学生德智体美全面发展情况和个性特长，引导学生培育和践行社会主义核心价值观，增强社会责任感，培养创新精神和实践能力。

资料来源：《北京市教育委员会关于印发北京市基础教育部分学科教学改进意见的通知》（2014 年）、《北京市深化考试招生制度改革的实施方案》（2016 年）。

（四）积极开展教育现代化水平监测评估，努力实现教育决策科学化

教育现代化是一个高度理论化的概念和命题，尽管从 20 世纪中后期开始相关研究逐渐增多，但在我国进入教育政策领域则只是近几十年的事。这与 1983 年邓小平同志"教育必须面向现代化，面向世界，面向未来"的题词、1993 年《中国教育改革和发展纲要》提出"实现教育的现代化"、2007 年党的十七大报告明确提出"提高教育现代化水平"等密切关联。但在《纲要》将其作为国家教育改革发展目标之后，测量国家及各地的教育现代化水平，通过构建教育现代化指标

体系"以评促建""以评促改"就成为国家教育行政部门必须考虑的重要议题（见表 29），同时也成为我国发达地区重点推动的工作之一。①

表 29　教育部有关"教育现代化评估"的政策部署

时间	会议/文件	政策摘要
2013 年 3 月	教育部深化教育领域综合改革相关情况新闻发布会	教育部从 2013 年开始成立了"教育现代化指标体系研究专题组"，开展了相关研究。即将出台的教育现代化监测评价指标体系将监测评价各地教育现代化发展水平，结合国家教育体制改革试点，促进各地明确目标、完善政策、改革创新、采取针对性措施，促进教育公平，提高教育质量，加快调整教育结构，推动教育协调发展
2013 年 3 月	教育部党组"职能转变，提高管理科学化水平"会议	制定教育现代化评价指标体系。监测评价各地教育现代化发展水平，提高教育服务人的全面发展和经济社会全面发展的能力
2014 年 1 月	教育部 2014 年工作要点	发挥社会参与作用，委托社会组织开展教育评估监测，组织第三方机构开展教育现代化监测和教育满意度测评
2015 年 1 月	教育部 2015 年工作要点	加强对推进区域教育现代化的指导和监测，组织第三方机构研制教育现代化年度监测报告
2018 年 1 月	教育部 2018 年工作要点	出台《中国教育现代化 2035》，研制监测评价指标体系

资料来源：《教育现代化研究》，《教育发展研究》2015 年第 1 期。

其实，随着教育现代化概念进入我国教育政策领域，从 20 世纪 90 年代起，我国一些发达地区就开始提出率先实现区域教育现代化目标并将其测评作为推进教育发展的重要抓手。20 世纪 90 年代，江苏省先后

---

① 《陈舜同志主持教育现代化监测评价工作研讨会》，《教育发展研究》2015 年第 1 期，第 70 页。江苏省启动实施教育现代化建设监测评估，http://www.gov.cn/gzdt/2014 - 01/07/content_ 2561261. htm。

制定了《关于在苏南地区组织实施教育现代化工程试点的意见》（1993年）、《江苏省乡镇教育基本实现现代化评估指标体系》（1996年）等文件。广东省制定了《珠江三角洲教育现代化规划》，还配发了《珠江三角洲县（市、区）基本实现教育现代化标准（试行）》《珠江三角洲乡镇基本实现教育现代化标准（试行）》《珠江三角洲中小学基本实现教育现代化标准（试行）》等文件。进入21世纪以来，相关工作进一步增多，2007年江苏省发布了《江苏省县（市、区）教育现代化建设主要指标》、2008年广东省发布了《广东省县域教育现代化指标体系及评估方案》、2009年上海市发布了《上海市2010年教育现代化指标体系及说明》。①

2010年第三次全国教育工作会议之后，随着我国发达地区将"率先实现教育现代化"确定为面向2020年的教育发展战略目标，教育现代化监测与评估再次成为这些地区重要的工作推动力。以我国开展教育现代化监测评估工作较早的江苏省为例，2012年8月，开始启动研制2020年江苏教育现代化指标体系；2013年1月，江苏省政府召开新闻发布会正式发布指标体系；2013年5月，江苏省教育厅召开新闻发布会，公布指标体系的实施意见；2013年5月，江苏省政府在苏州召开"江苏省教育现代化建设推进大会"，并与教育部签署了教育现代化试点省份协议书；2014年江苏省教育评估院出版了《2013年江苏教育现代化建设监测报告》，成为我国以省为单位研制实施，并进行全省性监测的第一个教育现代化指标体系。②

---

① 雷虹：《沪、苏、浙、粤教育现代化评估实践现状分析及其对北京的借鉴》，载北京教育科学研究院编《北京教育发展研究报告·2013年卷 首都教育改革的新形势和新任务》，北京出版社，2013，第35~45页。

② 彭钢：《江苏教育现代化指标体系的研制背景、基本框架与价值选择》，载北京教育科学研究院组编《教育现代化的理论进展与实践探索》，北京师范大学出版社，2015，第114~122页。

综合分析当前我国发达地区教育现代化指标体系监测评估的基本状况，可以发现它有以下五个特点：一是普遍借鉴了国际上有关教育发展水平监测评估采用的"背景—投入—过程—产出"（CIPP）模式，其中"教育结构"（过程）和"教育质量"（产出）问题日益受到重视。二是教育普及程度成为监测教育现代化水平的主要内容。同时，从发展趋势来看，除了从国民教育体系来监测各级各类教育的普及情况之外，从"终身教育体系建设""学习型社会建设"等现代教育理念出发，许多地区陆续开始将"终身学习网络覆盖率""从业人员继续教育年参与率"等也纳入教育现代化监测评估的范围。三是各级政府的财政性教育投入水平和努力程度成为教育现代化监测的重要指标。这与教育经费问题长期以来一直是困扰我国教育改革与发展的重要问题密切相关。其中，能否依法做到"三个增长两个比例"是主要监测内容。四是教育公平监测指标日益受到重视。以缩小城乡（区域）差距、校际和群体（流动人口子女、残障学生、家庭经济困难学生等）差距等教育差距为改革重点的义务教育均衡化成为监测评估重点。五是教育信息化水平和教育国际化水平受到广泛关注，监测的重心开始从办学条件的信息化逐渐转向教育信息化资源的开发、信息技术的掌握和使用情况。

简言之，围绕"教育现代化"战略目标构建起一套既具有中国特色又具有国际可比性，既有科学性又具有现实导向性的教育现代化评价指标体系，全面客观地反映教育现代化的发展进程，明确教育发展目标与方向成为我国发达地区教育管理创新的重要内容。特别是各地纲要将"率先实现教育现代化"作为新的历史时期的教育发展目标后，这些地区推进教育现代化监测评估时就不得不面对一系列基本问题，包括教育现代化与经济社会现代化是什么关系、"基本实现教育现代化"和"全面实现教育现代化"是什么关系、"区域教育现代化"与"国家教育现代化"又是什么关系等基本问题。① 这些基本问题对新时期我国发达地区教育现代化的监测评估工作提出更高的要求，也从一个角度反映了这些地区教育正处于转型发展期的基本态势，并从根本上要求教育理论界对中国特色的教育现代化的本质、特征和发展远景做出与时俱进的新回答。

二　深化基本公共教育服务供给侧改革：发展公平而有质量的教育

为了主动适应和引领经济发展新常态，"在适度扩大总需求的同时，着力加强供给侧结构性改革，着力提高供给体系质量和效率"② 是十八大以来中国经济发展采取的重大战略。这一改革思路对教育等公共服务领域的改革也产生了深远影响，"教育改革，'供给侧'是关键"，增强居民对于教育改革的"获得感""满意度"，成为许多发达地区推进公共教育服务体系建设特别是基本公共教育服务的出发点。③ 综合分析，"十二五"以来我国发达地区在基本公共教育服务领域的改革主要集中在以缩小城乡（区域）差距、校际和群体（流动人口子女、残障学生、家庭经济困难学生等）差距等教育差距为重点的义务教育均衡化建设上。例如，"十二五"期间上海市和北京市等发达地区先后整体通过全国义务教育均衡发展督导评估④，就充分反映了这一领域改革获

① 桑锦龙：《关于教育现代化评估三个基本问题的思考》，载北京教育科学研究院组编《教育现代化的理论进展与实践探索》，北京师范大学出版社，2015，第106~111页。
② 《习近平提"供给侧结构性改革"，深意何在？》，新华网，http://www.xinhuanet.com//politics/2015-11/19/c_128444441.htm。
③ 李奕：《教育改革，"供给侧"是关键》，《人民日报》2016年1月14日。
④ 沈祖芸：《上海率先实现县域义务教育均衡发展》，《中国教育报》2014年3月24日；柴葳：《加快推进义务教育均衡发展，保障适龄儿童接受良好义务教育——北京通过国家义务教育发展基本均衡县督导评估认定》，《中国教育报》2015年5月1日。

得的重要成就。从具体的政策动向来看，这一领域的改革（以北京市为例）主要体现在以下五个方面。

（一）拓宽基本公共教育服务的服务内容

如前所述，公共教育服务体系包括基本公共教育服务体系和非基本公共教育服务体系。"基本公共教育服务体系"主要是指与政府优先提供或保障的全民平等享有的最低水平的公共教育服务相关的制度安排。在我国原来主要是指九年义务教育，而 2012 年 7 月颁布的《国家基本公共服务体系"十二五"规划》中，除了对义务教育领域做出部署之外，还拓展了"基本公共教育服务"的传统定义，将学前教育、高中阶段教育、特殊教育等领域的某些项目（内容）纳入其中，充分反映了这一概念动态变化的特征。可以说，从"十二五"以来我国发达地区公共教育服务体系建设的突出特点来看，就是越来越重视学前教育和特殊教育的发展，通过强化政府的规划、投入、举办和监管责任，不断提高学前教育和特殊教育的公益性。

为缓解"入园难"问题，补齐学前教育发展短板，自 2011 年起北京市市区两级政府加大投入力度（到 2018 年 5 月，仅市级财政累计投入大约 115 亿元），推出两期学前教育三年行动计划，出台《北京市举办小规模幼儿园暂行规定》（2011 年）、《北京市普惠性幼儿园认定与管理办法（试行）》等管理规定，全市学前教育发展速度明显快于"十一五"时期。到 2017 年底，全市经审批的幼儿园数量达到 1957 所，教职工约 7 万人，专任教师近 4 万人，在园儿童数量超过历史最高点水平，达到 44.6 万人。2011 年至 2017 年，全市独立法人幼儿园数量增加了 359 所，增幅约为 29%；班数增加了 5927 个，增幅约为 60%；学前教育学位增加了约 17 万个，增幅约为 61%；专任教师增加了约 1.6 万人，增幅约为 42%。①

　　北京市特殊教育发展水平一直处于全国领先地位，近十年来北京进一步重视并积极发展特殊教育。2013 年北京市有近 6000 名残疾学生在 1093 所普通中小学就读，这些学生约占全市义务教育阶段在校残疾学生总数的 66%；接收随班就读学生的中小学占到全市义务教育阶段学校总数的近 80%。② 从 2013 年开始，北京市进一步实施"中小学融合教育行动计划"，率先在全国颁布融合教育发展的指导性文件——《北京市中小学融合教育行动计划》，强化以"随班就读"为主体的残疾人教育体系，特殊教育公共服务标准进一步提高，融合教育支持保障机制持续完善，融合教育已成为北京市残疾儿童接受教育的主要形式。截至 2017 年底，全市残疾儿童少年义务教育入学率达 99% 以上，融合教育比例达到 70%，实现了零拒绝、全覆盖。在此基础上，2018 年北京市教委、市发展改革委等八个部门又联合印发《北京市特殊教育提升计划（2017—2020 年）》，确定到 2020 年，北京将实现学前三年基本教育康复服务覆盖全市所有 3～6 岁的残疾儿童。同时，该计划还提出义务教育阶段，对符合入学条件的残疾儿童少年，将按照"就近就便"原则优先安置。高中阶段，将采取"就近适宜""安置入学"的方式普及残疾学生高中阶段教育。同时，还提出要加大直接惠及残疾学生的投入力度，扩大特殊教育学校、普通中小学残疾学生生均公用经费列支范围，逐步对学前至高中阶段的残疾儿童少年在现有"三免两补"的基础上增加至"四免多补"，即免杂费、免教科

---

① 北京市人民政府副市长王宁 2018 年 5 月 31 日在北京市第十五届人民代表大会常务委员会第四次会议上的发言《关于"落实学前教育三年行动计划完善学前教育公共服务体系建设"议案办理情况暨学前教育供给保障情况的报告》，北京市人大常委会门户网站，http：//www. bjrd. gov. cn/zt/cwhzt1504/hywj/201807/t20180724_185417. html。
② 《北京市：推进融合教育　促进教育公平》，中华人民共和国教育部官网，http：//old. moe. gov. cn/publicfiles/business/htmlfiles/moe/s7097/201307/154322. html。

书费、免住宿生的住宿费、免伙食费，补交通费、特殊学习用品费和校服费等。①

（二）拓宽基本公共教育服务的服务范围

这主要体现在"十二五"以来我国发达地区进城务工人员随迁子女义务教育保障能力进一步提升，高中阶段教育问题有所突破。第六次全国人口普查结果表明，2010 年我国流动人口为 2.21 亿，约有 3600 万的未成年子女跟随监护人流动。2013 年年底，全国义务教育阶段的随迁子女一共是 1277 万人，占到义务教育学生总数的 9.3%。② 国家高度重视进城务工人员随迁子女接受义务教育问题，要求将其纳入公共教育服务范围。国务院专门印发了关于解决好进城务工人员随迁子女接受教育问题的文件，明确提出"两为主"的原则，即以流入地政府管理为主、以公办学校为主。

但是随着进城务工人员随迁子女接受义务教育问题的解决，其在流入地参加中、高考的问题日益凸显。由于没有当地户籍，进城务工人员随迁子女不能参加流入地的中、高考，而只能回到原籍所在地接受高中阶段教育，参加本省的高考。这既影响进城务工人员子女接受义务教育的状况，也给进城务工人员及其子女带来了生活、工作、学习、亲情等方面的问题，影响我国经济社会的和谐发展。在此背景下，《纲要》明确提出要"研究制定进城务工人员随迁子女接受义务教育后在当地参加升学考试的办法"。2012 年 8 月 31 日，国务院办公厅进一步转发了教育部等四部委制定的《关于做好进城务工人员随迁子女接受义务教育后在当地参加升学考试的工作的意见》（国办发〔2012〕46 号），明确要求

---

① 《北京发布特殊教育提升计划：残疾儿童优先保障就近入学》，《北京晨报》2018 年 4 月 3 日。
② 和学新、李平平：《流动人口随迁子女教育政策：变迁、反思与改进》，《当代教育与文化》2014 年第 11 期。

各地在当年年底前"因地制宜制定随迁子女升学考试具体政策"。

根据国务院的总体部署，到 2012 年底，我国绝大多数流动人口的集中流入地都通过制定进城务工人员随迁子女接受义务教育后在当地参加升学考试的工作方案，逐步向进城务工人员随迁子女开放高中阶段教育和高等教育，进城务工人员随迁子女在流入地接受教育的权益进一步得到保障。但是，北京、上海等人口特大城市，由于受资源、环境等诸多因素的制约，公共教育服务体系承受压力较大，非公共教育服务向进城务工人员随迁子女开放的程度仍然有限，主要是有条件开放中等职业教育和高等职业教育，工作重点继续放在保障基本公共教育服务上（见表30）。

表30　2012 年与 2017 年北京市各级教育外省市学生就读情况

		外省市借读生		其中:民办学校	
		数量(人)	占在校生总数(%)	数量(人)	占在校生总数(%)
幼儿园	2012	84202	25.4	39504	11.91
	2017	109868	24.66	58079	13.04
小学	2012	324183	45.11	43988	5.38
	2017	300387	34.30	37107	4.24
特殊教育	2012	790	9.73	35	0.43
	2017	488	7.58	10	0.16
普通中学	2012	112489	22.54	20027	4.01
	2017	85329	16.33	11953	2.29
初中	2012	93073	30.46	13956	4.57
	2017	73742	20.56	11568	3.23
高中	2012	19416	10.03	6071	3.14
	2017	11587	7.07	385	0.23
中职学校	2012	66869	28.67	6431	2.76
	2017	27021	36.26	789	1.06
合计	2012	588533	24.64	109985	4.6
	2017	523093	27.17	107938	5.61

注：（1）中职学校包括调整后的中等职业学校、中等技术学校、中等师范学校、成人中等专业学校、职业高中学校和其他中职机构。（2）普通中学数据包括初中和高中的数据。

资料来源：根据《北京统计年鉴（2013）》《北京统计年鉴（2018）》计算所得。

（三）改进基本公共教育服务的供给方式

人民群众日益提高的对优质教育资源的需求与供给不足的矛盾是当前制约我国发达地区教育发展的主要矛盾，也是导致"择校热"居高不下的重要原因，因此按照"源头治理"的思路，通过多措并举扩大优质教育资源供给就成为这些地区改进基本公共教育服务供给方式的重要内容。从"十二五"以来我国发达地区的政策动态来看，学区化改革、集团化办学、"名校办分校"、"九年一贯制学校"建设等都是我国发达地区改进基本公共教育服务供给方式的重要内容。特别是北京市基础教育阶段推进的"双增量改革"尤为典型。

所谓"双增量改革"就是指对中小学教育资源既要增数量，又要增质量。为了实现这一目标，北京采取了多项创新举措：一是支持社会力量（民办教育机构）参与中小学体育美育等基础薄弱领域的发展。2014年北京市出台了《关于在义务教育阶段推行中小学生课外活动计划的通知》，提出将通过政府"购买社会服务"的形式，支持中小学开展体育、文艺、科普类课外活动，这就为鼓励和吸引社会力量（特别是民办教育机构）参与义务教育发展提供了重要的平台和机遇。二是发动北京市高等院校参与小学体育美育特色发展工作。仅2014年全市就有20多所高校在140多所小学通过艺术家工作室、体育俱乐部等多种方式推动中小学体育美育特色发展。三是通过体制机制创新，鼓励和推动在京高校直接举办附中附小。仅2014年北京市就新增了25所高校附属中小学。四是鼓励和推动教育科研部门参与中小学发展。中国教育科学研究院、北京教育科学研究院、北京教育学院以及城6区教科研部门和多所学校达成了合作意向，一大批教科研名师走上了讲台，极大地促成了"研校结合""科研兴校""专业引领"局面的形成。

（四）强化基本公共教育服务机构的公共性

形成政府宏观管理、学校自主办学、社会广泛参与的格局是我国教育改革的重要战略方向，但是由于公立学校是我国基本公共教育服务供给体系的主体，所以确保公立学校的公共性成为各地改革优先考虑的重点之一。例如，从 2013 年下半年开始北京市以"构建北京教育新地图"为名推进的义务教育综合改革，就把规范公办中小学管理作为改革的重要着力点。

以落实中小学免试就近入学的法律要求为突破口，仅 2014 年北京市教育委员会就先后发布了《北京市教育委员会关于 2014 年义务教育阶段入学工作的意见》《北京市教育委员会关于做好 2014 年初中入学招收体育艺术科技特长生工作的通知》等文件，明确提出"推行学区制和九年一贯对口招生""单校划片或多校划片""2014 年起义务教育阶段入学实行计划管理""加强学籍管理""规范特长生入学工作"，以及"逐步减少特长生招生学校和招生比例"等措施。此后，还密集出台了《关于进一步规范义务教育阶段教学行为的意见》《义务教育阶段入学工作中严明纪律的若干规定》《关于 2014 年北京市进一步规范教育收费工作的意见》等文件规范义务教育阶段学校的办学行为，特别是还列出了与入学有关的 15 条"禁令"，例如，严禁学生与学籍分离，学校不得接收无学籍学生，不得违规接收二次流动学生，违规招生学校全市通报曝光等。此外，北京市还推出了对择校热点学校进行重点监控、强化入学工作督导检查等具体管理措施。

从这些政策的实际执行效果来看，北京市长期存在的"占坑班""点招""条子生"等违反免试就近入学原则的现象得到了有效遏制，也受到了广泛的好评。民间教育机构 21 世纪教育研究院还将当年的"地方教育制度创新奖"颁给了北京市教委，认为上述改革具有"攻克体制机制上的顽瘴痼疾，突破利益固化的藩篱"的特征，体现了北京市教育管理层"以壮士断腕的决心"推进义务教育均衡发展的政治勇气和智慧。①

　　制度建设是强化公共教育服务机构的公共性的根本保障。随着办学条件均衡等工作不断取得进步，实现管理资源、师资力量、优质教育资源获得机会等均衡配置的要求与日俱增。在此背景下，"十二五"期间北京市围绕义务教育均衡化长效机制建设开展了一系列探索。例如，推行优质公立高中名额分配政策。北京市从 2014 年起全面取消普通高中招收择校生，而且还在功能核心区和城市功能拓展区开展优质高中部分招生计划分配工作，为促进义务教育均衡化创造有利条件。仅 2014 年全市共有 83 所优质高中参加名额分配招生，招生计划为 7370 人，其中面向优质高中所属初中和面向其他普通初中的计划分别占名额分配计划的 34% 和 66%。"十三五"以来，这一政策持续扩大规模，到 2018 年全市各类名额分配招生计划总数接近 1.6 万人，占参与此类招生学校计划的 51%，实际录取学生 1.26 万人，完成招生计划的 79%。简言之，名额分配政策在很大程度上提高了普通学校、薄弱初中学校学生进入优质高中或者示范高中的机会。

（五）推进基本公共教育服务供给主体的多元化

　　鉴于我国发达地区教育发展的主要矛盾是人民群众日益增长的优质、公平、多样、便捷的教育需求与教育体系的供给能力不足、供给过程不均等、供给形式单一、供给体系不健全之间的矛盾，因此如何通过深化体制改革，推进公共教育服务供给主体的多元化，解决公共教育产品短缺和公共教育服务不到位的问题，扩大优质教育资源，是发达地区普遍关注的政策议题。

---

　　① 《北京教委获颁民间奖项　治理小升初痼疾》，财新网，http：//china．caixin．com/2014 - 12 - 22/100766529．html。

例如，针对学前教育发展中"入园难""入园贵""入园远"问题，《北京市中长期教育改革和发展规划纲要 （2010—2020 年)》明确提出"采取政府购买服务等方式，支持民办幼儿园提供优质平价服务"。北京市门头沟区于 2012～2013 年通过"政府委托办园"形式确定两所社会力量办园机构作为两所幼儿园的承办者，"政府负责幼儿园基础设施建设，添置基本玩教具，配备幼儿图书等。同时在幼儿园运营之初给予一次性开班设施设备投入，保证幼儿园具有良好的硬件设施。在协议期内将幼儿园的房舍无偿提供给办园者使用，参照公办幼儿园核定和拨付年度财政性教育经费"。北京市和朝阳区等区县还以减免房租和以奖代补等方式，向 100 多所民办教育机构提供"广义的间接购买服务"，引导民办幼儿园提供相对普惠的学前教育服务。[①]

三　建立健全公共教育服务财政投入体制：地方政府责任持续凸显

十八届三中全会通过的《中共中央关于全面深化改革若干重大问题的决定》指出"财政是国家治理的基础和重要支柱"。"十二五"以来财政投入在我国教育改革和发展中的基础保障作用日益突出，在发达地区表现得更加显著。从具体的政策实践来看，主要表现在以下三个方面。

（一）教育投入水平不断提高，公共教育服务支出成为政府财政支出中的主要支出

公共教育服务支出所占比例逐渐增大，成为政府的主要支出之一，这是"十二五"以来我国发达地区在公共教育服务财政体系建设中呈

① 丁秀棠：《北京市民办学前教育领域政府购买服务研究》，载北京教育科学院编《北京教育发展报告 （2013 年卷)》，北京出版社，2013，第 121～133 页。

现的突出特征之一。综合分析京、沪、苏、浙、粤的中长期规划纲要，可以看出强调"教育财政拨款的增长应高于财政经常性收入的增长、使在校学生平均的教育费用逐步增长、保证教师工资和学生人均公用经费逐步增长"成为大多数地区政策文本的共同提法。特别是广东省还明确提出"到2020年各级财政教育拨款占财政总支出比例达到25%以上"的目标，也就是将政府财政支出的1/4以上用于教育发展的政策，反映了其将财政资金优先保障教育投入、公共资源优先满足教育和人力资源开发需要的重大努力，在我国发达地区中具有引领示范作用。从"十二五"期间我国发达地区的实际进展来看，总体上各地教育改革与发展的经费保障能力都有了提高（见表31），但京、沪、苏、浙、粤内部教育投入水平存在显著差异，其中京沪两地的教育投入水平明显高于其他地区（见表32、表33）。

以北京市为例，严格落实《国务院关于进一步加大财政教育投入的意见》（国发〔2011〕22号），在努力增加预算内教育经费的基础上，还通过积极拓宽经费来源渠道、严格执行教育附加费征收标准等举措，持续增加教育投入，努力实现预算内教育经费拨款的增长高于财政经常性收入增长的要求。重要的举措包括：一是全面开征地方教育附加。经财政部批准，自2012年1月1日起，北京市对行政区域内缴纳增值税、消费税、营业税的单位和个人，按照其实际缴纳"三税"税额的2%征收地方教育附加。二是从土地出让收益中计提教育资金。2011年7月，财政部、教育部印发了《关于从土地出让收益中计提教育资金有关事项的通知》（财综〔2011〕62号）。相关资料显示，2011年北京从土地出让净收益中按比例计提教育资金65亿元。根据国务院教育督导委员会2013年12月对北京市财政教育投入的使用管理情况的专项督导，可以看到，北京市2011年和2012年都实现了"预算内教育拨款增幅高于财政经常性收入增幅"和"各级各类学校生均预算内教育事业费支出及公用支出逐年增长"的法定增长要求，为国家实现教育经费占国民生产总值（GDP）4% 这一总体目标做出了积极贡献。①

表 31　2011～2017 年部分地区公共财政教育支出占公共财政支出比例情况

地区	公共财政教育支出（亿元）				公共财政教育支出占公共财政支出比例（%）			
	2011 年	2015 年	2017 年	2017 年与 2011 相比增加情况	2011 年	2015 年	2017 年	2017 年与 2011 相比增减情况
北京	528.20	847.43	955.70	427.5	16.28	14.77	14.01	-2.27
天津	302.90	464.23	434.61	131.71	16.86	14.36	13.25	-3.61
河北	594.69	1001.07	1246.63	651.94	16.81	17.77	18.84	2.03
上海	547.63	739.52	835.65	288.02	13.99	11.94	11.07	-2.92
江苏	1026.42	1743.57	1979.27	952.85	16.50	18.00	18.63	2.13
浙江	727.66	1220.87	1413.14	685.48	18.94	18.37	18.77	-0.17
广东	1171.05	2042.84	2522.55	1351.5	17.45	15.93	16.77	-0.68

资料来源：《教育部　国家统计局　财政部关于 2012 年全国教育经费执行情况统计公告》《教育部　国家统计局　财政部关于 2015 年全国教育经费执行情况统计公告》《教育部　国家统计局　财政部关于 2017 年全国教育经费执行情况统计公告》。

表 32　2011～2017 年全国及部分地区各级教育生均预算内教育事业经费情况

单位：元

国家或地区	年份	小学	普通初中	普通高中	中等职业学校	普通高等学校
全国	2011	4966.04	6541.86	5999.60	6148.28	13877.53
	2015	8838.44	12105.08	10820.96	10961.07	18143.57
	2017	10199.12	14641.15	13768.92	13272.66	20298.63
北京	2011	18494.11	25828.16	28533.85	18673.53	44073.80
	2015	23757.49	40443.73	42192.74	34433.36	61343.96
	2017	30016.78	57636.12	61409.06	53256.01	63805.40
上海	2011	17397.94	22076.15	23676.36	14653.93	29560.09
	2015	20688.35	27636.22	35632.31	25295.30	30081.89
	2017	20676.54	30573.39	38966.34	29080.01	33711.72

① 北京市教育委员会：《国务院教育督导委员会专项督导北京市财政教育投入的使用管理情况》，http://jw.beijing.gov.cn/jyzx/jyxw/201602/t20160216_ 6488.html。

续表

国家或地区	年份	小学	普通初中	普通高中	中等职业学校	普通高等学校
江苏	2011	8479.50	10175.05	7606.20	6012.15	12042.91
	2015	11988.81	19048.59	18039.48	12550.97	17764.50
	2017	13081.57	22364.58	23902.20	15701.15	20274.76
浙江	2011	7468.67	10027.27	7683.51	7896.09	12014.80
	2015	11599.79	16616.16	18280.68	16237.53	16515.92
	2017	13937.07	20564.12	23965.22	19688.74	20113.29
广东	2011	4731.13	4907.10	6418.50	5081.85	11837.00
	2015	8757.95	11456.70	10863.23	9977.89	17823.43
	2017	11267.58	16084.37	15642.56	13861.44	24149.23

资料来源：《教育部 国家统计局 财政部关于 2012 年全国教育经费执行情况统计公告》《教育部 国家统计局 财政部关于 2015 年全国教育经费执行情况统计公告》《教育部 国家统计局 财政部关于 2017 年全国教育经费执行情况统计公告》。

表 33　2011～2017 年全国及部分地区各级教育生均预算内公用经费情况

单位：元

国家或地区	年份	小学	普通初中	普通高中	中等职业学校	普通高等学校
全国	2011	1366.41	2044.93	1687.54	2212.85	7459.51
	2015	2434.26	3361.11	2923.09	4346.94	8280.08
	2017	2732.07	3792.53	3395.59	4908.30	8506.02
北京	2011	8719.44	11241.78	13612.11	9096.94	26465.43
	2015	9753.38	15945.08	14807.38	14945.67	32147.32
	2017	10855.08	21282.49	21677.24	25370.60	32126.86
上海	2011	5369.22	6837.76	6695.11	5394.17	23492.42
	2015	6983.97	8642.69	10183.46	8962.48	18267.01
	2017	6474.28	9422.59	11327.40	9379.08	18146.62
江苏	2011	1594.33	1817.68	1262.62	1683.66	7196.70
	2015	3081.26	4246.20	4009.02	4641.73	8324.41
	2017	2896.50	4332.78	4348.54	4915.91	8420.73
浙江	2011	1048.20	1614.83	1544.26	2199.65	3819.66
	2015	2229.03	3225.23	4104.39	5529.60	7155.18
	2017	2939.42	4184.02	5077.41	6247.93	9297.02
广东	2011	974.28	1175.52	1833.83	2072.85	5418.52
	2015	2251.09	2947.44	2601.07	4098.95	7694.91
	2017	2699.99	3597.45	3241.87	4694.61	10254.16

资料来源：《教育部 国家统计局 财政部关于 2012 年全国教育经费执行情况统计公告》《教育部 国家统计局 财政部关于 2015 年全国教育经费执行情况统计公告》《教育部 国家统计局 财政部关于 2017 年全国教育经费执行情况统计公告》。

（二）坚持教育公平基本政策，优化教育投入配置机制

"十二五"以来"以公共化为取向，以均等化为主线，以规范化为原则"成为各地优化公共教育投入机制的取向，学前教育、农村教育和薄弱学校等我国教育发展的薄弱环节成为投入保障的重点领域。

例如，为了促进义务教育均等化的深入发展，上海市 2011 年制定并颁发了《上海市义务教育阶段学校办学基本标准》，从资源配置、学校管理、课程教学、教师发展、学生发展五个方面提出了具体的标准和要求。[①]2011 年江苏省政府印发《关于进一步加大财政教育投入的实施意见》，不仅要求各级财政年初预算和预算执行中的超收收入分配全面落实法定增长要求，全省财政教育支出占一般预算支出的比例高于中央核定比例，而且明确提出要"围绕促进公平和提高质量，不断加大各级各类教育经费保障力度"，具体做法包括强化学前教育的公益性和普惠性，将学前教育经费列入财政预算，要求新增教育经费向学前教育倾斜，财政性学前教育经费在同级财政性教育经费中占合理比例并逐年提高；加大政府对义务教育的经费投入，逐年提高义务教育阶段生均公用经费基准定额；省财政加大对经济薄弱地区和农村地区义务教育的转移支付，努力缩小义务教育办学差距等。[②]

（三）强化教育投入绩效理念，不断完善公共教育支出监管体制

2013 年江苏省专门印发了《江苏省教育厅办公室关于印发〈省教育厅省级财政教育专项资金管理办法〉的通知》，加强教育经费使用的绩效考评，强调要建立预算编制有目标、预算执行有监督、预算完成有

---

①　上海市教育政策咨询委员会秘书处、上海市教育科学研究院：《2012 年上海教育发展报告：追求基于平等的优质教育服务》，华东师范大学出版社，2012，第 165 页。

②　《省政府关于进一步加大财政教育投入的实施意见》（苏政发〔2011〕171 号），《江苏省人民政府公报》2011 年第 33 期。

评价、评价结果有反馈、反馈结果有运用的预算绩效管理机制。北京市
2013 年颁布了《北京市教育委员会所属预算单位预算绩效管理办法》，
强调教育投入预算管理中要融入绩效理念，将绩效目标设定、绩效跟
踪、绩效评价及结果应用纳入预算编制、执行、监督全过程，以提高预
算的经济、社会效益。[1] 上海市在构建充分放权和有效监管并举的高等教
育投入机制方面也迈出了实质性步伐，以经常性经费为主、专项经费为辅
的高校投入机制基本形成，市属高校经常性经费与专项经费投入比例已从
以往的3∶7 调整为接近7∶3，确保经常性经费由学校根据内涵建设需要自主
安排。同时，上海市还启动实施了市属公办高校总会计师委派制度，向 3
所地方公办高校派驻首批总会计师，强化高校财务管理内控机制。[2]

四 推进教育治理体系和能力现代化：
以教育善治推进教育发展

十八届三中全会通过的《中共中央关于全面深化改革若干重大问
题的决定》明确提出，全面深化改革的总目标是完善和发展中国特色
社会主义制度，推进国家治理体系和治理能力现代化。教育改革作为全
面深化改革的重要领域之一，加快推进教育治理体系和治理能力现代化
无疑是推进国家治理体系和治理能力现代化的内在要求。特别是该决定
还专门就加快转变政府职能进行具体部署，提出要 "深入推进管办评
分离，扩大省级政府教育统筹权和学校办学自主权，完善学校内部治理
结构。强化国家教育督导，委托社会组织开展教育评估监测"。

---

[1] 《北京市教育委员会所属预算单位预算绩效管理办法》，中国教育新闻网，http：//
www.jyb.cn/info/dfjyk/201310/t20131007_ 554508. html。
[2] 苏明：《释放制度创新红利 全面推进教育现代化——上海市教育综合改革的思路与举
措》，《人民教育》2016 年第 8 期。

在此背景下，时任教育部部长的袁贵仁在 2014 年初的全国教育工作会议上对"教育治理体系和治理能力现代化"的内涵做了具体阐述，把构建政府学校社会新型关系作为深化教育领域综合改革的关键环节，提出"推进教育治理体系和治理能力现代化，就是要适应国家治理体系和治理能力建设，根据教育发展的自身规律和教育现代化的基本要求，以构建政府、学校、社会新型关系为核心，以推进管办评分离为基本要求，以转变政府职能为突破口，建立系统完备、科学规范、运行有效的制度体系，形成政府宏观管理、学校自主办学、社会广泛参与的格局，更好地调动中央和地方两个积极性，更好地激发每个学校的活力，更好地发挥全社会的作用"[①]。可以说，在中央政府以协同推进"简政放权、放管结合、优化服务"为主要抓手，深化行政管理体制改革，建设法治政府、创新政府、廉洁政府和服务型政府，促进政府治理能力现代化的背景下，我国的教育管理体制改革持续深入，地方政府的教育管理权责更加突出和清晰。据统计，"十二五"期间，教育部先后取消下放了 21 项教育行政审批事项，评审评估评价事项减少了 1/3。[②] 与此相适应，我国发达地区把深化公共教育治理体系改革作为教育改革的主要方向。主要政策动向有如下三个方面。

（一）推进教育管理的制度化、规范化、程序化，更加重视运用法律、规划、标准、经费等综合政策工具管理教育

在这方面，上海走在了全国的前列。"十二五"期间不仅颁布了具有牵头抓总性质的《上海市中长期教育改革和发展规划纲要（2010—2020 年）》《上海市教育综合改革方案》指导全市的教育改革发展，而且围绕教育改革与发展中的重大难点问题，先后研制颁布了《上海市学前

---

① 袁贵仁：《加快推进教育治理体系和治理能力现代化》，中央政府门户网站，http://www.gov.cn/gzdt/2014-02/16/content_2605760.htm。

② 袁贵仁：《我国教育事业迈上新台阶》，《人民日报》2015 年 10 月 13 日。

教育三年行动计划（2015—2017 年）》《上海高等教育布局结构与发展规划（2015—2030 年）》《上海现代职业教育体系建设规划（2015—2030 年）》等重要的中长期专项发展规划。① 制定了保障规划实施的地方性法规和配套政策，通过了《上海市教育督导条例》，并积极开展"上海市民办教育促进条例""上海市终身教育促进条例修正案"立法调研。②

"十二五"以来，我国发达地区还普遍重视推进学校章程建设、法律顾问制度建设等基础性的法制工作。例如北京市在 2010 年启动了北京市中小学校章程制定工作，以项目研究的形式引领和指导中小学进行学校章程建设，截至 2015 年北京市已有学校章程建设项目样本实验校 300 所，除农村部分学校与新建校外，已基本实现"一校一章程"。广东省印发了《关于建立健全学校法律顾问制度的通知》，把建立学校法律顾问制度作为推进依法治校的重要举措，提出到 2016 年，实现全省学校聘用法律顾问全覆盖。总体来看，以建立现代学校制度为导向，通过明确学校的法律地位，提高学校制度化建设水平，建立学校内部民主管理体制和高效的治理结构，提升校长和教师的公共服务意识和能力成为各地推进教育管理体制改革的重要趋势。

（二）推进决策、执行、监督既相对分离又紧密联系的行政管理体系建设，持续加强教育督导制度建设

例如天津，不仅在 2011 年 2 月成立了负责"统筹规划全市的教育督导工作，协调市政府有关职能部门落实教育职责，研究决定全市教育督导工作的重要事项"的天津市人民政府教育督导委员会，而且于 2013 年 12 月 17 日通过了作为地方立法的《天津市教育督导条例》（自

---

① 上海市教育委员会：《专项工作计划》，http：//edu. sh. gov. cn/html/xxgk/rows. list. 302. html。

② 上海市教育委员会：《关于印发〈2014 年上海市教育委员会工作要点〉的通知》，http：edu. sh. gov. cn/html/xxgk/201401/304162014001. html。

2014 年 3 月 1 日起施行）。2015 年 2 月 11 日，经过十多年的立法调研，《上海市教育督导条例》由上海市第十四届人民代表大会常务委员会第十九次会议通过，自 2015 年 5 月 1 日起施行[①]，该条例第三条明确强调"市和区、县教育督导委员会及其教育督导室在本级人民政府领导下依法独立行使教育督导职能"，从而为"同级督政"扫除了障碍。总之，从各地的实践来看，全面推进专业、权威、相对独立的教育督导机构建设，实现督导范围全覆盖（从义务教育开始拓展到学前教育、职业教育、高等教育和校外教育），充分发挥教育督导部门在有序引导社会力量形成科学的第三方评价机制方面的积极作用正在成为我国加快推进教育治理体系和治理能力现代化的重要突破口。

（三）推进教育决策的科学化和民主参与

决策科学化民主化是我国政治体制改革的重要方面，"十二五"以来，随着教育改革日益进入深水区和攻坚阶段，破解深层次矛盾和问题的难度越来越大，"用系统思维、全局意识和全球视野认识改革，用普遍联系观点设计改革，用统筹兼顾办法推进改革，进一步增强改革的系统性、整体性、协同性"[②] 已成为发达地区深化教育改革的迫切要求。与此相适应，加强教育智库建设，重视专家决策咨询作用，完善决策信息和智力支持系统成为我国发达地区教育管理的突出特征。例如，上海成立教育决策咨询委员会并发布年度性《上海教育发展报告》，围绕全市教育改革与发展的重点难点问题开展研究。2013 年 7 月华东师范大学、中国教育科学研究院、北京师范大学、浙江大学等单位签署协议，

---

① 《上海市教育督导条例通过公布 5 月 1 日起施行》，东方网，http：//shzw. eastday. com/shzw/G/20150213/u1ai145037. html。

② 《教育部关于 2013 年深化教育领域综合改革的意见》，中央政府门户网站，http：//www. gov. cn/gzdt/2013 - 03/01/content_ 2342987. htm。

共建教育战略协同创新中心，强化对国家和区域教育改革发展战略政策的研究。此外，由于教育民生问题日益凸显，发达地区在促进教育决策深入了解民情、充分反映民意、广泛集中民智方面采取了一系列的举措，包括实行政务公开，建立重大教育政策的公开征求意见制度，增强决策的透明度和公众参与度等。例如，北京市为全面收集教育民意，掌握公众对基础教育的满意度与舆情，自2009年开始就委托北京教育科学研究院、北京市统计信息咨询中心开展"北京市区县教育工作满意度入户调查"，对全市各区县及燕山地区的学生及其家长进行了随机抽样入户问卷调查。①

五　完善教育质量保障体系：国际接轨与中国特色并重

随着教育普及任务的基本完成，京沪等我国发达地区普遍将公共教育服务体系建设的战略重心从规模扩张转向了内涵提升，更加重视教育的优质发展或卓越发展。在政策举措上，除了继续加大投入，推进传统的质量保障举措，例如改善学校办学条件、加强师资队伍建设（这些地区都普遍重视开展教师培训、推进名师名校长教育家工程或名师工作室工作）、深化课程教材改革和教育教学改革外，我国发达地区还更加重视评价在教育质量监测、导向和保障方面的作用，积极推进专业化的教育质量保障体系的建设。

（一）持续推进教育质量监测评价体系建设

自率先在全国完成九年义务教育普及任务之后，面对学生课业负担

---

① 赵丽娟等：《北京市基础教育满意度变化分析——基于连续五年北京市区县教育工作满意度调查结果》，载北京教育科学院编《北京教育发展研究报告（2014年卷）》，北京出版社，2015，第271~295页。

过重、择校现象日益严重、学生体质下降等问题，我国发达地区普遍把建立科学的教育质量监测与评价体系，引导人们树立正确的教育价值观，全面客观科学地认识中小学教育质量状况作为教育改革的重要议题。

上海、江苏等地区从 21 世纪初就积极参加教育部推动的"建立中小学生学业质量分析、反馈与指导系统"相关工作。①"十二五"期间上海进一步承担了国家教育体制改革试点项目"改革义务教育教学质量综合评价办法"，率先推出了具有上海特色的中小学生学业质量综合评价"绿色指标"，初步构建了以学业水平评价为基础、结合学习经历与学习过程评价的综合评价办法②，使人们"非常直观地看到上海义务教育阶段基于课程标准的学业水平达成度及其教育均衡程度，为政府决策及督政提供了依据""非常清晰地看到上海义务教育阶段学业质量水平，为进一步推进素质教育提出努力的方向""非常科学地在全国范围内找到上海义务教育学业质量所处的位置，为进一步改进教学和调整策略提供科学依据"③。2003 年至今，北京市基于国家课程标准，建立并持续推进具有北京特色的"义务教育教学质量评价与反馈系统（BAEQ）"，通过对义务教育阶段的思想品德、语文、数学、英语、化学、生物、地理、历史、信息技术、社会、科学、体育、音乐、美术等学科进行一轮或多轮的评价，并每年向社会公布北京市义务教育教学质量的状况，为促进北京市义务教育质量全面提高提供了重要的教学改进建议和决策依据。④

---

①　万檀香：《建立学业质量评价标准开展"教育健康体检"——对话"建立中小学生学业质量分析、反馈与指导系统"项目组》，《基础教育课程》2010 年第 8 期。

②　尹后庆：《"绿色指标"评价：引领教育转向内涵发展——上海市"绿色指标"的背景与内涵》，《中小学管理》2013 年第 7 期。

③　沈祖芸：《上海率先实现县域义务教育均衡发展》，《中国教育报》2014 年 3 月 24 日。

④　张咏梅等：《北京市义务教育教学质量分析与评价反馈系统十年回顾与展望》，《教育科学研究》2014 年第 6 期。

（二）支持教育评估中介机构发展

与重视教育质量的监测评价相一致，重视建立健全相关专业机构也是"十二五"期间我国发达地区的重要政策动态。

《北京市中长期教育改革和发展规划纲要（2010—2020年）》提出要"建立教育服务多元评价体系，实施政府监督与社会民主评价、专业机构认证、中介组织评估相结合的制度"，并于2011年9月在北京教育科学研究院成立北京市教育督导与教育质量评价研究中心。[①]《上海市中长期教育改革和发展规划纲要（2010—2020年）》提出"建立教育服务多元评价体系，实施政府监督与社会民主评价、专业机构认证、中介组织评估相结合的制度"以及"培育和发展教育中介服务机构。加快研究咨询型、认证评价型和人才服务型中介机构的发展，发挥行业协会等社会组织的重要作用，逐步把教育咨询、教育考试和鉴定、教育质量评估、就业与人才交流等业务管理工作委托给专业的中介机构。支持教育研究、教育考试和教育评估等中介机构建设，扩大政府购买服务，完善相关经费保障机制"。并持续推动上海教育评估院等专业机构承担中等职业学校新设专业教学质量检查评估、教师专业发展工程督导评估、幼儿园等级评估、研究生优秀成果（学位论文）评选等各级各类教育的评估工作。[②]

（三）促进教育质量监测评价的国际交流

加强教育质量评价领域的国际交流与合作，"在世界的坐标中，用世界的视野、世界的标准、世界的语言来冷静地审视中国的教育，客观

---

① 《北京成立教育督导与教育质量评价研究中心》，中国教育新闻网，http://www.jyb.cn/teaching/jysx/201109/t20110920_454736.html。

② 上海教育评估院官网，http://www.seei.edu.sh.cn/。

地分析业已进行的改革，更理智地寻求科学发展的路径"① 是"十二五"期间我国特别是发达地区教育改革中又一个重要动态。

上海以观察员身份在 2009 年和 2012 年两次参加经济合作与发展组织（OECD）组织的"国际学生评估项目"（PISA）并问鼎，引起了社会各界和世界各国对我国基础教育质量状况及其保障措施的广泛关注②，极大地促进了基础教育质量评价领域的国际交流与合作，成为这一趋势的标志性事件。根据教育部的统筹部署，2015 年北京、上海、江苏和广东四个省份联合参加了 2015 年 PISA 测试，最终成绩名列世界第十（见表 34）。除了基础教育领域，在高等教育、职业教育领域有关教育质量评价的国际交流也日益频繁和深入，例如，2013 年 8 月我国加入世界上最具影响力的国际本科工程学位互认协议《华盛顿协议》③ 之后，发达地区的相关高校都普遍重视用国际公认的工程专业教育标准和工程师职业能力标准，推进自身的专业建设、人才培养模式改革及评估工作。

表 34　2015 年部分国家（地区）PISA 的成绩情况

	科学（science）		阅读（Reading）		数学（Mathematics）	
	2015 年平均成绩	与 2012 年相比的发展趋势	2015 年平均成绩	与 2012 年相比的发展趋势	2015 年平均成绩	与 2012 年相比的发展趋势
	平均数（mean）	分值变化（Score dif.）	平均数（mean）	分值变化（Score dif.）	平均数（mean）	分值变化（Score dif.）
OECD 国家平均情况（OECD average）	493	−1	493	−1	490	−1
中国（北京、上海、江苏和广东四个省份联合参加）	518	m	494	m	531	m

① 陈亦冰：《再次问鼎的意义与启示》，《中国教育报》2013 年 12 月 4 日。
② 谢巍、刘淑杰：《上海 PISA 引起的国际反响——来自欧美等国的最新动态及其思考》，《教育测量与评价》（理论版）2015 年第 7 期。
③ 宗河：《中国加入〈华盛顿协议〉成该协议组织第 21 个成员》，《中国教育报》2013 年 8 月 21 日。

续表

	科学（science）		阅读（Reading）		数学（Mathematics）	
	2015 年平均成绩	与 2012 年相比的发展趋势	2015 年平均成绩	与 2012 年相比的发展趋势	2015 年平均成绩	与 2012 年相比的发展趋势
	平均数（mean）	分值变化（Score dif.）	平均数（mean）	分值变化（Score dif.）	平均数（mean）	分值变化（Score dif.）
英国	509	−1	498	2	492	−1
德国	509	−2	509	6	506	2
美国	496	2	497	−1	470	−2
法国	496	0	499	2	493	−5

注：（1）PISA 是一项由经济合作与发展组织统筹实施的学生能力国际评估项目。主要对接近完成基础教育的 15 岁学生进行评估，测试学生们能否掌握参与社会所需要的知识与技能。评估主要分为 3 个领域，即阅读素养、数学素养及科学素养。PISA 每三年举行一次，是国际上目前最权威的基础教育阶段学生评估项目之一。（2）m 表示数据缺失。因为中国（北京、上海、江苏和广东四个省联合参加）2015 年首次参加 PISA，所以没有 2012 年的数据。

资料来源：http：//www.oecd.org/pisa/pisa − 2015 − results − volume − v − 9789264285521 − en.htm。

六　构建全方位教育对外开放体系：教育国际化与区域教育协同发展

在全球化和区域化趋势深入发展的时代背景下，以追求教育卓越或优质化为根本宗旨，在教育发展上采取一种积极的开放主义态度，加强国家之间、区域之间、地区之间、不同部门之间在教育领域的交流与合作成为当前许多国家（地区）采用的普遍做法，这种态势于"十二五"期间在我国发达地区表现得尤为突出。

（一）积极推进教育国际化战略部署和重大项目的落实

面对经济全球化和区域化趋势的深入发展，《国家中长期教育发展纲要（2010—2020 年）》明确提出，加强国际交流与合作，坚持以开放促改革、促发展,开展多层次、宽领域的教育交流与合作,提高我国教育国际化水平。

与此相一致,作为我国对外开放程度最高的地区,京、沪、苏、浙、粤等地区也纷纷把扩大教育对外开放、提高教育国际化水平作为增加教育发展活力、提高教育发展水平的重要着力点,在培养国际化人才、扩大国际学生规模、推进国际理解教育、开展中外合作办学、加大引智力度、深化学术交流与合作等重点方面进行了战略部署和统筹规划,先后出台了《留学浙江行动计划》(2011 年)、《留学北京行动计划》(2011 年)、《上海市教育国际化工程"十二五"行动计划》(2012年)、《留学江苏行动计划》(2014 年)等,同时,积极推动重大合作项目的落实,教育国际化水平进一步提高(见表35、图4)。

表 35 我国部分发达地区 2020 年的教育对外开放目标和指标设计

地区	目标	主要指标
北京	推动北京成为展示国家教育成果的重要窗口,教育合作交流的重要舞台,国际化人才培养的重要基地,外国学生留学中国的主要目的地,构建教育开放与合作的新格局	到2020年,在京高校及中小学就读的外国留学人员规模达到 18 万人次。其中,接受高等学历教育的留学人员超过 6 万人,来京留学人员生源国别和层次类别更加均衡合理
上海	基本建成国际教育交流中心城市	普通高等学校在校生中留学生所占比例达到 15% 左右
江苏	建成教育对外开放先进省份。建成境外人士在中国(内地)学习的重要目标省份	·到2020 年,高水平大学本科生中具有海外学习经历的学生比例达 5% 以上、其他院校达 3% 以上 ·到 2020 年,在苏学习的留学生达 5 万人左右,其中高水平大学研究生中留学生比例达 5% 以上
浙江	教育开放度和国际化水平显著提高,长三角地区教育合作与交流机制日趋成熟	到2020年,全年留学生人数占全省高校在校生总数的比例达 4% 以上,其中学历留学生超过50%,研究生层次的留学生占 10% 以上
广东	成为来华留学生的主要目的地	到2020 年,重点引进 3~5 所不同类型的国外知名大学到珠江三角洲地区合作举办高等教育机构

资料来源:《上海市中长期教育改革和发展规划纲要 (2010—2020 年)》《江苏省中长期教育改革和发展规划纲要 (2010—2020 年)》《广东省中长期教育改革和发展规划纲要 (2010—2020年)》《上海市教育国际化工程"十二五"行动计划》《留学浙江行动计划》《留学江苏行动计划》《留学北京行动计划》。

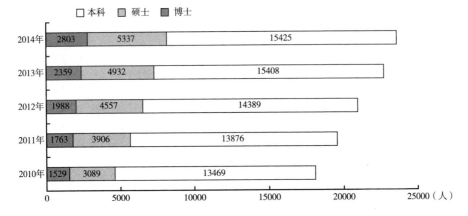

图 4　2010～2014 年北京高校学历留学生规模比较

资料来源：汤术峰、郭秀晶：《"十二五"时期北京教育开放的回顾与展望》，载北京教育科学院编《北京教育发展研究报告（2015 年卷）》，北京出版社，2015，第 198～211 页。

例如，作为上海实施教育改革、推进教育开放的重大举措，2013年 8 月，美国纽约大学和华东师范大学联合创办的上海纽约大学正式开学，包括中国在内的 40 多个国家的 295 名新生成为首批学生。[①] 2012年 7 月，教育部正式下发文件批复，批准北京工业大学与爱尔兰国立都柏林大学合作设立北京—都柏林国际学院（Beijing-Dublin International College at BJUT），成为北京建设示范性国家级高水平中外合作办学机构的重要抓手。

综合来看，就地区之间的发展目标和政策举措而言，"十二五"期间上海的相关政策设计和实践尤为突出（见表 36、表 37），其有关教育国际化的相关内容不仅覆盖了各级各类教育，而且在很多方面具有创新性。特别是为更好地服务于上海建设具有全球影响力的科技创新中心的发展目标，"十二五"期间上海市还专门制定了《上海市教

---

① 上海市教育决策咨询委员会秘书处、上海市教育科学研究院：《2014 年上海教育发展报告：开放推动教育卓越发展》，华东师范大学出版社，2014，第 1 页。

育国际化工程"十二五"行动计划》①、修订颁布了《上海市外国留学生政府奖学金申请办法》② 等政策法规，提出要"把上海建设成为亚洲最受欢迎的留学目的地城市之一和国际教育交流中心城市"的发展目标并提出了一系列具体的政策任务。新颁布的上海市外国留学生政府奖学金资助标准最高（博士研究生/学科三类/A 奖）近 10 万元（99800 元），最低资助标准最高（本科生/学科一类/A 奖）也达到2 万元（20800 元）。

表 36　上海市面向 2020 年的教育对外开放政策概览

教育类别	重大举措
基础教育	·设立若干所中外学生融合的学校 ·试点开设高中国际课程,鼓励有条件的中小学开设由外籍教师执教的课程 ·开展国际高中合作项目
职业教育	·引进国际认可的职业资格标准,培养适应国际劳务市场需求的高素质劳动者
高等教育	·采取多种方式,创办中外合作的高水平大学和二级学院,加强国际科研合作,建立若干国际联合研究中心 ·实施高等学校学生海外游学实习计划。设立大学生海外游学专项资金,每年资助本市 2% 的普通高校在校生到海外著名大学、跨国企业、国际组织游学、实习和见习
国际学生教育	·引进先进、适宜的国际教育质量认证体系和标准,建立并实施上海国际教育质量认证制度 ·建设一批国际化的品牌学科专业和课程,建立全市统一的留学生课程库和学分互认制度 ·完善留学生奖学金制度和资助政策,探索建立留学生勤工助学和医疗保险等制度
其他	·吸引国际教育组织落户上海 ·加强外籍人员子女教育体系建设,整合上海现有学校国际部的教育教学资源,为在沪外籍人员子女教育提供完善的服务

资料来源：《上海市中长期教育改革和发展规划纲要（2010—2020 年）》。

① 上海市教育委员会：《关于印发〈上海市教育国际化工程"十二五"行动计划〉的通知》，http://edu.sh.gov.cn/html/xxgk/201208/3022012005.html。

② 上海市教育委员会：《关于印发〈上海市外国留学生政府奖学金申请办法〉的通知》，http://www.shanghai.gov.cn/nw2/nw2314/nw2319/nw12344/u26aw9708.html。

表37 《上海市教育国际化工程"十二五"行动计划》政策概览

	重大举措
总体目标	把上海建设成为亚洲最受欢迎的留学目的地城市之一和国际教育交流中心城市
探索中外合作办学新机制	·到2020年,上海的中外合作机构(含独立设置和非独立设置)和项目总量争取达到400个左右 ·进一步推动中外合作办学的高质量发展 ·完善上海中外合作办学质量保障机制。到2015年,初步健全上海中外合作办学质量保障机制,选择第一批50所不同类型、不同层次的中外合作办学机构和项目,试点中外合作办学质量认证,强化过程管理,保障学生利益 ·开展高水平的高中阶段合作办学。鼓励上海优质高中与国外知名高中和教育集团合作,设立1~2所独立设置的中外融合的合作高中,招收本国学生和外国学生
大力发展来华留学生教育	·到"十二五"末,留学生人数达到7万。其中学历生2.5万,约占留学生总数的35%,长期生数近5万,占总数的72% ·完善市政府外国留学生奖学金奖项设计。逐年增加上海市外国留学生政府奖学金年度拨款额度,不断完善政府奖学金分配方式,增强奖学金对外国优秀学生的吸引力。增设本科全额奖学金,扩大奖学金受益面。积极研究和推进奖学金的货币化试点 ·提高留学生课程与专业建设水平。到2015年,建设80门用外语面向外国留学生授课的市级精品课程和15个市级特色专业 ·建设外国留学生辅导员队伍 ·加强外国留学生预科培养 ·继续推进"上海暑期学校项目"。每年接受1000人次的外国学生来沪短期学习 ·建设外国留学生服务支持系统。通过政府资助和引领,设立示范性"上海外国留学生服务中心",为留学生提供心理辅导、生活咨询、住宿安排和签证办理等方面的专业服务 ·大力加强上海教育的海外宣传力度
多渠道支持师生出国学习、培训	·支持高校和职校学生海外学习与实习。到"十二五"末,市级年资助高校在校生人数的2%赴海外学习、实习,市级年资助5000人次中等职业学校在校生赴海外学习、实习 ·扩大教师和管理人员海外培训的机会。市教委每年派出100名教师或管理人员赴海外培训,区县每年组织220名教师或管理人员赴海外培训 ·加强自费出国留学中介机构的管理
加快吸引各类优质国际智力资源	·引进海外名师和高层次学术团队 ·建立海内外联合科研平台 ·试点高中教育阶段引进面向中国籍学生的国际课程。"十二五"期间,在部分区县的普通高中试点国际课程,以引进IB课程为主,鼓励学校将AP课程作为拓展课程 ·开展义务教育阶段的国际理解教育 ·加强中小学与国外学校的校际合作

续表

	重大举措
积极开展国际教育服务	·改善外籍人员子女学校布局结构 ·推动国际教育组织落户上海 ·加强中外青少年友好交流 ·推进教育机构海外办学。到"十二五"末,以与海外教育机构合作或独立举办的形式,分别设立高等教育和基础教育的海外机构和项目各1个。同时,建立海外办学的质量认证和评估机制,保障海外办学质量 ·发挥汉语学习在文化交流与融合中的作用。"十二五"期间,新建3~5所孔子学院和3~5个孔子课堂 ·开展海外志愿者服务
加强基础能力建设	·设立上海教育国际合作与交流的民间机构 ·积极参加国际教育测试与评估。鼓励相关专业机构研究主要的国际教育测试与评估,根据上海教育发展的需要,有针对性地参与2~3个面向不同教育层次、不同人群的国际教育测试与评估,在国际比较中把握上海教育的优势与可能存在的不足,推广上海教育的成功经验 ·加强教育外事干部的能力建设 ·开展国别和区域教育发展研究。到"十二五"末,建成5个国际(国别)教育研究中心 ·探索研究上海学业水平考试获得国际认可的途径 ·建立上海国际教育数据库。对上海国际教育数据库进行数据分析,发布中、英双语的《上海国际教育年报》,把握上海教育国际化的动态与趋势,为政府决策提供数据支撑

资料来源:《上海市中长期教育改革和发展规划纲要 (2010—2020 年)》。

　　需要强调的是,在大力促进教育国际化的同时,我国发达地区普遍面临国际化的冲击,发达国家（地区）的教育对我国青少年的吸引力日益增强,以至于民间有所谓"十年前看北大清华、五年前看港大港科大、现在看哈佛牛津"的说法。以"优秀学生出国数量增加、工薪家庭留学学生比例增加、留学低龄化趋势加深"为特征的我国留学发展趋势,不仅深刻地影响着我国发达地区教育的发展态势和战略布局,也对整个国家的现代化建设事业具有深远影响。[1]

---

①　桑锦龙:《从中国留学问题的"前世"看"今生"——〈近代中国留学史〉导读》,《教育科学研究》2013 年第 2 期。

（二）积极推进教育的区域合作和协同发展

20 世纪 80 年代以广州和深圳为代表的珠三角地区，90 年代以上海浦东新区为代表的长三角地区的开发开放对中国经济都起了巨大的促进作用，并各自成为当时引领中国经济发展的增长极。[①] 随着区域经济一体化发展，长三角和珠三角之间的教育交流与合作日益增强。以长三角两省一市为例，为了形成有效的工作机制，早在 2003 年就签订了《关于加强沪苏浙教育合作的意见》，在交流机制和工作组织方面开展探索。2009 年签订了《关于建立长三角教育协作发展会商机制协议书》，实现了教育交流与合作形式从以民间为主、非常规状态向行政决策层面、制度化状态转变。2010 年 3 月成立长三角教育联动发展协调领导小组、设立长三角教育联动发展办公室，负责协调联动发展的重大事项与问题。[②]

"十二五"以来，随着国家教育体制改革进入深水区，区域教育协作发展中若干深层次的问题需要加以突破，国家对长三角率先探索区域教育发展新机制提出了更高的要求。2014 年 6 月教育部进一步颁布《关于进一步推进长江三角洲地区教育改革与合作发展的指导意见》，对长三角教育协作提出了总体目标、基本原则、加快教育合作的八大重点领域及其要求，明确提出要"着力深化教育领域综合改革，建立健全区域教育合作发展的体制和机制，在管理体制、办学体制、人才培养模式改革以及区域教育一体化建设等方面率先探索，提升区域教育的整体水平，努力构建具有区域特点、中国特色、世界水平的区域教育体

[①] 薄文广、周利群等：《长三角区域一体化的经验借鉴及对京津冀协同发展的启示》，《城市》2014 年第 5 期。

[②] 共建"长三角教育综合改革试验区"课题组：《推进长三角教育综合改革　实现区域教育联动发展》，《教育发展研究》2012 年第 5 期。

系，努力赶超发达国家教育发展水平，打造亚太地区教育高地，为长三角地区经济社会发展和产业转型升级提供人才支撑和智力支持"，这标志着长三角教育协作机制已经由区域的共同发起行为上升为国家层面的政策措施。① 到 2018 年 12 月，长三角地区共召开十届教育一体化发展会议。在此基础上，上海、江苏、浙江、安徽三省一市还进一步签署《长三角地区教育更高质量一体化发展战略协作框架协议》和《长三角地区教育一体化发展三年行动计划》，对区域公共教育服务的共建共享做出了新的规划。②

同时，从中长期来看，以人为核心的新型城镇化和打造新增长极的要求，也对我国发达地区的教育改革发展提出了新的更高的要求。2014 年 3 月发布的《国家新型城镇化规划（2014—2020 年）》③，将京津冀与长三角、珠三角并列为我国经济"最具活力、开放程度最高、创新能力最强、吸纳外来人口最多的地区"，并提出"要以建设世界级城市群为目标，继续在制度创新、科技进步、产业升级、绿色发展等方面走在全国前列，加快形成国际竞争新优势，在更高层次参与国际合作和竞争，发挥其对全国经济社会发展的重要支撑和引领作用"的战略目标。

特别是"十二五"以来随着京津冀协同发展国家战略的提出和实施，京津冀教育协同发展问题日益受到重视。京津冀地缘相近、人缘相亲，相关的教育合作和交流一直很活络，例如廊坊大学城的建设，为解决首都高校发展空间不足问题做了实践探索。同时，区域内教育部门之间也已经形成了一些富有特色的合作交流机制，例如北京、天津、河

---

① 《教育部关于进一步推进长江三角洲地区教育改革与合作发展的指导意见》，中国教育新闻网，http://www.jyb.cn/info/jyzck/201406/t20140626_587899.html。
② 《长三角三省一市签署协议　共构教育重点协作项目》，《新民晚报》2018 年 12 月 13 日。
③ 《国家新型城镇化规划（2014—2020 年）》，《人民日报》2014 年 3 月 17 日。

北、山西、内蒙古所创建的"华北五省（市、自治区）高等教育合作发展论坛"。在促进区域教育协同发展方面，各地达成了很多共识。例如早在 2011 年五省教育行政部门就曾达成了共建"教育圈"的协议，确定了"五省互相开放省级重点实验室；启动五省学生访学计划；建立华北五省大学生学科竞赛；五省教师、干部互相交流、进修；五省高校将结对合作，携手发展等合作计划"① 等。教育资源丰富是京津冀地区突出的资源禀赋特征之一。以高等教育为例，2012 年京津冀共有普通高校 257 所，占全国的 10.52%；普通高校在校生大约 223.3 万人，占全国的 9.34%。优质高等教育资源丰富成为京津冀地区最重要的比较优势之一，共有"985 工程"重点建设大学 10 所，占全国的 25.6%；有"211 工程"重点建设大学 31 所，占全国的 28%。换言之，尽管内部发展不平衡，但整体而言京津冀优质高等教育资源的"分量"远远超过了经济总量在全国的"分量"。同时，在基础教育、职业教育、继续教育等领域京津冀也各有优势、特色鲜明，例如北京一直是我国教育现代化水平最高的地区之一，天津市在我国职业教育发展中扮演着改革排头兵和创新发展先行者的角色，河北在基础教育的均衡发展、特色发展方面积累了许多独特经验。因此发挥教育资源优势必然成为实施京津冀协同发展重大国家战略的内在要求。

在此背景下，京津冀协同发展重大国家战略的实施为京津冀教育协同发展迈上更高水平提供了难得的历史机遇。特别是 2015 年 4 月 30 日中央政治局通过《京津冀协同发展规划纲要》时，明确指出"战略的核心是有序疏解北京非首都功能，调整经济结构和空间结构，走出一条内涵集约发展的新路子，探索出一种人口经济密集地区优化开发的模

---

① 《华北五省市区共建"教育圈" 共享优质教育资源》，http：/news. hebei. com. cn/system/2011/04/18//011083203. shtml。

式，促进区域协调发展，形成新增长极"①，明确提出要疏解首都的教育、医疗等部分公共服务职能，这必将对京津冀地区教育布局结构产生深远的影响②。

从 2014~2017 年的实践进展来看，围绕落实京津冀协同发展国家重大战略，京津冀三地教育系统积极行动，在推进教育协同发展方面取得了积极进展，包括协同发展的意识不断增强，非首都功能疏解工作取得阶段性成果，校际交流日益频繁，研究成果持续增多等。据不完全统计，2014 年 2 月至 2016 年 12 月近三年的时间里，三地省（市）级教育部门签署了多项教育合作协议，包括《京津冀大学生思想政治教育工作协作方案》、《京津冀教育督导协作机制框架协议》、《京津冀高校毕业生就业创业协同发展框架协议》、《京津冀语言文字事业协同发展战略协议》、《京冀两地教育协同发展对话与协作机制框架协议》、《推进教育协同发展合作框架协议》（天津河北），以及《北京市"数字学校"教育资源共享协议》等；在市（区）级层面，各地教育部门签订了各级各类教育合作协议几十项；三省市大中小学校、科研机构和社会团体也在不同范围签订了教育协同发展协议，仅各级各类学校层面签署的合作协议就多达几百项，在资源共建共享、协同服务创新、专业人才培养、学校发展规划等方面开展理论探讨与合作。③

同时，三地各级各类教育的校际合作交流也日益频繁。在基础教育领域，北京市 6 个区分别与津冀 8 个区市签订基础教育合作协议，北京

---

① 《中共中央政治局召开会议分析研究当前经济形势和经济工作　审议〈中国共产党统一战线工作条例（试行）〉、〈京津冀协同发展规划纲要〉》，《人民日报》2015 年 5 月 1 日。

② 桑锦龙：《推进京津冀教育协同发展的战略性思考》，《教育科学研究》2016 年第 4 期。

③ 高兵：《跨区域合作不能少了评估这一环》，《中国教育报》2017 年 4 月 4 日。

市景山学校、八一学校、史家胡同小学等 8 所学校的津冀合作办学项目有序实施。"河北省千名中小学骨干校长教师赴京挂职学习"项目已跟岗培训 400 人。北京"数字学校"云课堂向津冀开放，两省市 1470 所中小学、1.2 万名教师、近 80 万名中小学生受益。在职业教育领域，北京近两年有 28 所职业学校与津冀 67 所职业学校达成合作协议，跨区域职业教育集团、联盟已先后成立 7 个，吸纳职业院校和企事业单位近 200 家加盟。在高等教育领域，北京高校牵头或参与组建了工科类、建筑类、师范类、医学类、轻工类、商科类、新媒体类、农林类、信用教育类 9 个京津冀高等院校联盟。[1]

简言之，当前中国已经成为世界第二大经济体，综合国力有了显著提高，但同时经济正在向形态更高级、分工更复杂、结构更合理的阶段演化，"经济发展进入新常态，正从高速增长转向中高速增长，经济发展方式正从规模速度型粗放增长转向质量效率型集约增长，经济结构正从增量扩能为主转向调整存量、做优增量并存的深度调整，经济发展动力正从传统增长点转向新的增长点"[2]。因此，树立以人为本、可持续发展的观念，主动适应我国经济的新常态，加快打造经济"升级版"，从依靠"人口红利""土地红利""政策红利"转向更多地依靠深化改革带来的"人才红利""创新红利""制度红利"，尽快形成"大众创业、万众创新"的新局面就成为我国改革发展的迫切需要，这无疑凸显了以"深化教育体制改革，优化教育资源布局，推动公共教育服务均衡化，实现教育优势互补"为主要特征的区域教育协同发展的战略重要性。正如习近平总书记所说的："当今世界，综合国力竞争日趋激烈，新一轮科技革命和产业变革正在孕育兴起，变革突破的能量正

---

① 桑锦龙：《推进京津冀教育协同发展的战略谋划和系统实施》，《前线》2018 年第 1 期。

② 《中央经济工作会议在北京举行》，《人民日报》2014 年 12 月 12 日。

在不断积累。综合国力竞争说到底是人才竞争。人才资源作为经济社会发展第一资源的特征和作用更加明显，人才竞争已经成为综合国力竞争的核心。谁能培养和吸引更多优秀人才，谁就能在竞争中占据优势。"[1]

七　建设发达的公共教育服务信息体系：信息化引领教育现代化

提供充足、清晰和可信的公共服务信息一直是政府的必要职能[2]，特别是当前人类进入了信息化时代，公共服务信息对公众的生产、生活和经济社会活动的影响越来越大，公众的知情权意识越来越强，我国政府也大力推进政务和公共服务信息公开工作。在此背景下，强化公共教育服务信息体系建设成为我国发达地区建立健全公共教育服务体系的重大改革趋势。

（一）积极推进信息化公共教育服务平台建设

充分利用现代信息技术，完善提供公共教育服务的基础设施平台，为公众开辟更加便捷的获得优质教育资源的途径是"十二五"以来我国发达地区教育改革发展的重要趋势之一。京沪等地都成立了开放大学，为市民提供方便、灵活、个性化的继续教育学习服务。2017年，北京市教育委员会发布了《关于加快北京开放大学建设与发展的意见》，提出要贴近百姓需求和城市发展，通过创新北京开放大学办学体

---

[1]　《习近平在欧美同学会成立100周年庆祝大会上的讲话》，《人民日报》2013年10月22日。

[2]　世界银行编《1997年世界发展报告：变革世界中的政府》，中国财政经济出版社，1997，第26页。

制与运行机制，实施包括加快建成覆盖全市的开放大学办学体系、构建智慧学习环境、构建消费驱动的新型教育服务模式、推进北京市终身教育学分银行建设等重点任务，满足首都市民多样性、个性化、多层次、高质量的终身学习需求，促进人的全面发展；加快首都终身教育与终身学习服务体系构建。①

"十二五"以来，尤其是 2013 年以来"慕课"或 MOOCs（Massive Open Online Courses，即大规模公开在线课程或大规模开放网络课程）成为世界包括中国教育发展实践中的"热点"。这个被教育发展战略研究专家、未来学家称为"教育界的海啸""新教育革命"，在全球也刚刚兴起的新生事物在我国发达地区开始出现并迅速流行。2013 年 9 月，北京大学首批全球共享课先后有 4 门和 3 门在Edx 平台（哈佛大学和麻省理工学院在线课程平台）、Coursera 平台（斯坦福大学教授推出的在线大学课程平台）上线，向全球学习者免费开放。此后这种教育形式也迅速在清华、复旦、交大等著名大学兴起。

在人们更多地关注慕课型塑高等教育的未来形态的重要作用的同时，也有不少机构和人士开始关注它对解决我国教育改革发展中存在的一些突出问题的作用。例如，我国有些公益机构与发达地区的相关优质教育资源丰富的学校合作，探索"慕课"方式在解决我国欠发达地区教育资源匮乏问题，缩小区域、城乡、校际教育差距方面的重要作用。他们"在人大附中初中一年级数学课堂中架上录像机，将其远程直播到广西、重庆、内蒙古与河北的 12 个乡村学校。这些乡村学校的学生与人大附中的学生同堂上课、同堂作业、

---

① 北京市教育委员会：《北京市教育委员会关于加快北京开放大学建设与发展的意见》，http://jw.beijing.gov.cn/xxgk/zxxgk/201805/t20180523_ 50299. html。

同堂考试"①。

但是，更加突出的变化和进展是在地方政府的大力推动下，信息化技术对基本公共教育服务供给模式造成的改变。2012 年"北京数字学校"在北京市主要的有线广播电视网络平台——歌华有线高清交互平台正式上线②，所有在北京市使用高清交互数字电视机顶盒的歌华有线用户，可免费点播义务教育阶段全科（21 个学科、9500 节课）数字化名师授课资源，成为北京市扩大优质教育资源辐射力的重要创新举措。这项被相关专家称为"中国基础教育领域的慕课"的首都基础教育优质教育数字资源目前已经辐射到贵州、湖南、河北、宁夏等地。此外，2014 年北京市还积极实施"在线教育服务"项目，通过"学习信息推送"、"在线作文辅导"和"名师在线"等试点，逐步建立面向全体中小学生的、个性化的在线教育服务体系。特别是 2016 年，北京市还在北京师范大学成立了"未来教育高精尖创新中心"，利用"互联网＋"的思路深化基础教育综合改革，积极搭建基于大数据的智能教育公共服务平台并取得了积极的进展（见表 38）。在此基础上，2018 年北京市还进一步出台了《北京市中学教师开放型在线辅导计划（2018—2020）（试行）》，持续扩大在线辅导的服务力度，丰富服务的方式，包括语文、数学和英语等 9 个学科都可在规定的时间开展在线辅导服务。③

简言之，教育信息化既是教育现代化的主要特征之一，也是当前我国发达地区引领教育现代化建设的重要发展方式。

---

① 汤敏：《别人都慕课了我们怎么办》，《中国教育报》2013 年 10 月 23 日。

② 李奕、宫辉力：《教育信息化融入基本公共教育服务的理念与途径——以北京市为例》，《中国教育学刊》2013 年第 8 期；《歌华有线打造多终端学习服务平台》，新浪网，http://news.sina.com.cn/c/2012 – 10 – 10/000025326217.shtml。

③ 施剑松：《北京八千名师一对一实时在线辅导郊区学生》，《中国教育报》2018 年 4 月 3 日。

表38　北京市依托高校成立未来教育高精尖创新中心创新公共教育服务方式

为了有效整合在京中央院校、市属高校和国际优质创新资源,实现高校科技创新与人才培养功能的相互促进,共同推进北京市尽快形成创新驱动发展模式,2016 年北京市教委开始启动"北京高等学校高精尖创新中心建设计划",规划建设 20 个左右的高精尖中心,实施 50 个左右的高精尖项目,力求尽快产出一批对城市经济社会发展有影响力的成果。其中之一就是在北京师范大学设立了"未来教育高精尖创新中心",主要任务是以信息化促进首都教育现代化,利用"互联网 +"的思路深化基础教育综合改革,研发基于大数据的智能教育公共服务平台,实现"有教无类、因材施教、终身学习、人人成才"。2016 年 11 月,该中心开始在北京市通州区开展服务试点,先后为 30 多所中学近 1 万多名初一至初二的学生提供在线的教育服务,试点期间共有 1590 名教师对 4460 名学生开展了 3 万多次的有效辅导,累计辅导时长近 5000 小时。

资料来源:北京师范大学 "未来教育高精尖创新中心" 官网, http: //aic – fe. bnu. edu. cn/zxgk/index. html;《北京八千名师一对一实时在线辅导郊区学生》,《中国教育报》2018 年 4 月 3 日。

(二)积极推进教育管理信息化工作

根据教育部 2013 年颁布的《中小学生学籍管理办法》中有关"建立统一规范的学籍信息管理制度"的要求,2014 年 5 月北京市教育委员会发布了《北京市教育委员会关于印发北京市中小学校学生学籍管理办法的通知》[1],提出"本市中小学生学籍实行分级负责、市级统筹、区县管理、学校实施的管理体制。学籍总量依据当年中小学校招生计划确定,学籍建立及变动情况由区县教育行政部门审核,报市教育行政部门备案",并明确强调"本市中小学生学籍管理采用信息化方式。市教育行政部门负责建立全市统一的中小学管理信息系统,并与全国中小学生学籍信息管理系统进行对接",这就为完善全市统一的小学和初中入学信息采集与服务系统,尽快形成公平、公正、公开的义务教育阶段入学工作新局面,科学分析和预测义务教育阶段学龄人口发展趋势,公平合理配置教育资源创造了基本条件。

---

[1] 《北京市教育委员会关于印发北京市中小学校学生学籍管理办法的通知》,《北京市人民政府公报》2014 年第 15 期。

（三）积极推进教育政务和公共教育服务信息公开工作

为积极推动重要教育信息特别是涉及公众切身利益或社会普遍关注的信息（例如考试招生、收费）的主动公开，鼓励媒体和社会公众监督公共教育服务机构的工作，"十二五"以来京沪等地都在重大教育政策出台前引入了向全社会公开征求意见的环节，强化了新闻发言人、政务微博、教育新闻网站等信息公开制度建设，都把坚持正确主动的教育舆论引导、强化政策解读作为改革的重要保障措施。例如，在制定《北京市中长期教育改革和发展规划纲要（2010—2020 年）》《北京市"十三五"时期教育改革和发展规划（2016—2020 年）》过程中，北京市都引进了公众意见征求环节。

第五章
公共教育服务体系建设的
国际趋势分析

"他山之石可以攻玉。"在全球化、信息化深入发展的当今世界，各国之间相互依赖、相互影响、相互制约的程度日益加深，各国教育改革与发展不可避免地会受到国际教育发展主流趋势的影响。有鉴于此，本部分试图从国际教育发展主流趋势的视角，以 21 世纪以来国际组织和若干发达国家制定的教育发展战略规划与政策文本为对象，梳理与公共教育服务体系建设相关的国际教育发展趋势，结合我国教育发展的实际，以期对我国新时代推进现代化公共教育服务体系建设提供借鉴。综合研判，本书认为以下六方面的国际教育发展趋势，对我国构建现代化公共教育服务体系具有重要的借鉴意义。

一 关心弱势群体，促进教育公平

21 世纪以来，随着教育作为基本人权的观念日益普及，越来越多的国际组织和国家将维护和促进公平作为教育发展的核心问题，特别是高度关注社会中具有特殊需求的弱势群体的受教育机会和质量，积极推出了相关的战略和政策举措。

（一）促进教育的公平发展是国际教育发展的主流价值

世界银行《2006 年世界发展报告：公平与发展》明确指出：公平基于以下两个原则，一是公平的机会，二是避免绝对的剥夺。公平的教育供给系统的中心目标是建立"全纳的教育体系"（Inclusive education），为越来越多样化的学生提供公平的教育，容纳所有学生，反对歧视排斥。[①] 2008 年 11 月联合国教科文组织召开的世界教育大会第 48 届会议以"全纳教育：未来之路"为主题。全纳教育的理念要求关心每一个学生，特别是具有特殊需要的学生，例如残障儿童、少数族裔的学生和存在学习障碍的青少年，帮助弱势群体融入社会，形成一个学校教育、家庭教育和社会教育密切配合的教育体系。[②] 2015 年 5 月，联合国教科文组织在韩国仁川召开会议，来自 100 多个国家的政府代表参加会议，就面向 2030 年的世界教育发展目标达成共识并发表《仁川宣言》。宣言明确承诺："将确保提供 12 年免费的、公共资金资助的、公平的、有质量的初等教育和中等教育，其中至少包含 9 年义务教育且能产生相关学习成果""鼓励提供至少一年高质量的免费义务学前教育，让所有的孩子都有机会获得高质量的儿童早期发展、看护和教育""致力于为大量失学儿童和青少年提供有意义的教育和培训……确保所有的孩子都在学校、都在学习"。[③] 同年 11 月，在巴黎召开的联合国教科文组织第 38 次大会上正式通过《2030 年教育行动框架》。该文件以《仁川宣言》为基础，确立了未来 15 年教育发展的总目标，即确保全纳、公平、有质量的教育，增加全民学习的机会，并提出七大具体目

---

① 世界银行编《2006 年世界发展报告：公平与发展》，清华大学出版社，2006。
② 黄志成、胡毅超：《全纳教育：未来之路——对 UNESCO 第 48 届（2008 年）国际教育大会主题的思考》，《全球教育展望》2008 年第 7 期。
③ 《2030 年教育：迈向全纳、公平、有质量的教育和全民终身学习——2015 年世界教育论坛〈仁川宣言〉》，周红霞译，《世界教育信息》2015 年第 14 期。

标，勾勒出全球未来教育发展的蓝图（见表39）。总之，维护和促进教育公平是当前世界教育发展的普遍共识，通过提高教育普及水平和帮助弱势群体接受教育已经成为世界各国教育公平政策的战略重点。

表 39　联合国教科文组织《2030 年教育行动框架》主要目标

总目标	确保全纳、公平、有质量的教育,增加全民学习的机会
目标 1	到 2030 年,确保所有青少年完成免费、公平及优质的小学和中学教育,并获得有效的学习成果
目标 2	到 2030 年,确保所有儿童接受优质的儿童早期发展、保育及学前教育,从而为初等教育做好准备
目标 3	到 2030 年,确保所有人负担得起优质的职业技术教育和高等教育
目标 4	到 2030 年,全面增加拥有相关技能的人员数量,该技能包括为就业、获得体面工作及创业的职业技术技能
目标 5	到 2030 年,消除教育上的性别差异,确保残疾人、原住民和弱势儿童等弱势群体享有平等接受各层次教育和职业培训的机会
目标 6	到 2030 年,确保所有青年和绝大部分成年人实现读写和计算能力
目标 7	到 2030 年,确保所有学习者获得必要的知识和技能以促进可持续发展,确保教育为可持续的生活方式、人权、性别平等、促进和平和非暴力文化的发展、文化多样性及可持续发展做出贡献

资料来源：《中国教育报》2015 年 11 月 15 日。

（二）发达国家促进教育公平的政策实践

与此相一致，发达国家普遍将促进教育公平置于公共教育政策体系的优先地位。从其促进教育公平的具体政策来看，主要是通过保障和扩大入学机会，提供财政资助、学业帮助和服务信息支持，以及消除歧视、保障维护公民权益等方式对少数族裔学生、家庭经济困难学生、移民及英语学习者、残障学生等弱势群体提供政策保障。

1.美国促进教育公平的主要政策动向

21 世纪以来，美国联邦国会先后通过多项法案促进教育公平。2002 年通过的《不让一个孩子掉队法》（NCLB）旨在提高所有学生的学业成就，特别是贫困学生和少数民族学生。该法案第一款（Title I）作为法案的核心部分，明确提出要提高弱势群体的学术成就。该条款包括九个部分：改善地方教育机构基本项目的运作；对提高学生阅读技能的资助；有关移民儿童的教育；对被忽视的、行为不良以及处境危险的儿童和青少年的预防和干预；国家对第一款项目的评估；综合学校改革；高标准项目；预防学生辍学以及一般规定等。法案的主要目的就是确保所有学生享有公平和平等的教育机会和高质量的教育（至少能够达到国家学术成就标准和国家学术评估标准）。①

2010 年推出的《改革蓝图——对〈初等和中等教育法〉的重新授权》（*A Blueprint for Reform：The Re-authorization of the Elementary and Secondary Education Act*）进一步提出，要为每一个学生创造平等的机会和公平的条件，为此联邦政府将明确各级政府的责任并确保问责的公正性。《改革蓝图——对〈初等和中等教育法〉的重新授权》指出，美国学校有责任满足各类学生的教育需求。各类教育项目必须提供广泛的学习资源，支持并确保每一个学生都有成功进入大学或职业生涯的机会。为确保这一目标的实现，该法案重点对涉及三类弱势群体的项目做出承诺：一是改善英语学习者的项目，鼓励项目创新，支持英语学习成功者的实践并构建其工作需要的知识库。二是维持并加强对美国土著学生、无家可归的学生、移民学生，以及被忽视的或是处境危险的学生项目的资助，还有那些农村地区以及受联邦财政资助的学生项目。三是依法满足残疾学生的特殊教育需求。②

2015 年底，时任美国总统的奥巴马获得国会授权签署了《每一个孩子成功法》（*Every Student Succeeds Act*）。通过这部法律，美国政府重

---

① TITLE I—IMPROVING THE ACADEMIC ACHIEVEMENT OF THE DISADVANTAGED, http://www2.ed.gov/policy/elsec/leg/esea02/107 – 110.pdf.

② 李娟：《美国弱势群体补偿教育立法的历史研究》，《外国教育研究》2016 年第 1 期，第 77 页。

申了其所称的"国家的基本理想"，即确保每个学生不论种族、收入、家庭背景和居住地的差异，都能够获得通过努力把握命运的机会。① 该法案保留了为美国弱势儿童提供的专用资源，支持弱势儿童，包括残障学生、英语学习者、美国原住民学生、无家可归的儿童、被忽视及行为不良的儿童、移民及季节性农业工人的子女。法案还要求各州及地区确保所有学生包括低收入家庭学生和有色人种学生，都有平等的机会受教于优秀教师。②

除了通过立法确保教育公平之外，21 世纪以来，美国联邦教育部还连续出台多部教育发展规划促进教育公平原则的落实。2013 年发布的《2014—2018 财年教育战略规划》（*U. S. Department of Education Strategic Plan for Fiscal Years 2014 - 2018*），就将教育公平作为六项战略目标之一。该目标提出要增加"服务缺失"学生的教育机会和减少歧视，使所有学生都能够成功。同时强调要消除对学生种族、宗教、国籍、性别、区域等的歧视，提高弱势群体的毕业率，消除家庭经济困难学生、英语学习生、残疾学生的学习障碍；确保公民权利得到保障，加强公众对教育的参与。此外，在从基础教育到高等教育的各项目标中也强调要提高相关人群在各级教育的入学率和毕业率。③

2. 英国促进教育公平的主要政策动向

英国早在 1944 年颁布的《1944 年教育法》（*the 1944 Education Act*）中就明确将残疾儿童纳入正规教育体系。21 世纪以来，又先后推出多项法律和政策促进和提升教育体系的公平性。

---

① Home U. S. Department of Education, Every Student Succeeds Act（ESSA），http：//www. ed. gov/essa？src = ed - search。

② 《从十一项改革读懂〈每一个学生成功法〉》，《中国教育报》2015 年 12 月 16 日。

③ Home U. S. Department of Education.，U. S. Department of Education Strategic Plan for Fiscal Years 2014 - 2018，http：//www2. ed. gov/about/reports/strat/plan2014 - 18/strategic - plan. pdf。

2002 年，英国议会通过《2002 年教育法》（Education Act 2002），要求政府对薄弱学校进行必要的调控和干预，营造良好的教育环境，逐年减少薄弱学校的数量。2003 年新工党政府发布的教育白皮书《学校：实现成功》（Schools：Achieving Success）建议学校改革应该满足来自城市或农村的边远地区、来自少数族裔家庭、享受学校免费午餐和具有不良行为的弱势学生群体的教育发展需求。此后，英国政府还颁布了一系列法案，包括《2010 年平等法与学校教育：对学校领导、学校员工、领导机构和地方政府的建议》《2014 年儿童与家庭法》《儿童贫困战略（2014—2017）》等，要求地方政府为残疾学生、学习障碍学生和其他弱势群体提供特殊教育、健康关爱和社会关爱服务。

在政策实施上，英国政府通过对弱势群体实行免费午餐制度、发放教育津贴（Pupil Premium），对农村和边远地区学生提供学校免费交通津贴等措施加强保障，推进教育公平。[①] 特别是除了关注基本公共教育服务体系的公平性之外，英国还关注到了非基本公共教育服务体系的公平性及其对基本公共教育服务体系的影响。例如，英国 2011 年的高等教育白皮书——《把学生置于体系中心》（Students at the heart of the system）就将"确保教育公平：增强各社会阶层流动性"作为一项重要的战略提出。白皮书强调，政府应确保高等教育机构主动发现并吸引低收入家庭的学生，强化"公平入学办公室"的角色地位，使其努力督促高校吸引足够数量的低收入家庭学生。白皮书提出，在不损害学术水平及自主办学的前提下，各高校都应主动成为"公平入学办公室"共同应对挑战的合作伙伴，并且把扩大招收低收入家庭学生作为战略目标。[②]

[①]　郭靖、黄茜、谢萍：《英国支持弱势学生群体教育发展的政策及重要行动》，《世界教育信息》2016 年第 15 期。

[②]　王焕现：《英国高教改革：把学生置于体系中心》，《中国教育报》2011 年 8 月 23 日。

在促进社会阶层流动的具体条款中，该白皮书强调所有收费超过6000 英镑的高校，必须与公平入学办公室达成协议，列明学校吸引弱势群体学生的具体措施；来自收入 25000 英镑或以下的家庭的学生有权获得每年 3250 英镑的生活费全额补助金；在提高学生体验的条款中，提出增加优秀学生的入学机会，增加高校对优秀学生招生计划的配额，并对收费 7500 英镑以下的学校增加 20000 个招生计划。同时，英国还将加大对低收入家庭和非全日制学生的就业指导和帮助，为其提供就业、技能和劳动力市场的全面信息和选择建议。已在计划中的英格兰高等教育学生资助办法，也将提供一揽子支持学生生活的资助金，用于资助 2012～2013 学年入学的学生。比如，2012 年启动新的国家助学金项目，白皮书预计到 2014 年该项目将提供 1.5 亿英镑用于资助最贫困的青年和成年人接受高等教育，提供的学费贷款额度将达到 70 亿英镑。除此之外，政府还将为大学新生提供 20 亿英镑的生活费和奖学金，以及 35 亿英镑的生活费贷款。①

3. 澳大利亚促进教育公平的主要政策动向

21 世纪以来，澳大利亚将来自处境不利家庭的学生群体作为教育公共政策关注的重点对象。

以近年来联邦政府基于《2003 年高等教育支持法案》和《2012 年教育类其他资助指南》② [*Other Grants Guidelines（Education）2012*] 设立的"高等教育参与和伙伴关系项目"（Higher Education Participation and Partnerships Program，HEPPP）为例。

---

① GOV. UK. BIS Higher Education：Students at the heart of the system，https：//www.gov.uk/government/uploads/system/uploads/attachment_ data/file/31384/11 –944 – higher – education – students – at – heart – of – system. pdf.

② "2012 年教育类其他资助指南"是依据联邦《2003 年高等教育支持法案》第 238 – 10 条制定，旨在促进高等教育机会平等，帮助土著学生、处于不利社会经济背景或残疾学生克服障碍获取机会参与高等教育。

该项目面向社会和经济背景不利的学生群体，旨在为其提供更好的本科学习机会，提高这些学生的高等教育入学率和毕业率。项目由参与（Participation）、合作（Partnerships）和国家优先资金（National Priorities Pool）三大部分组成。在"参与"部分，联邦政府通过对 37 所大学提供资金（根据每所大学中社会经济地位较低的学生人数按公式分配资金），增加低社会经济地位背景学生的本科入学率，并对其完成学业提供支持。在"伙伴关系"部分，除了为大学提供资金以外，联邦政府还通过与中小学、职业教育与培训机构、其他大学、州和地区政府、社区组织及其他利益相关者合作开展活动，提高低社会经济地位背景的人参与高等教育的意望和能力。总体来看，上述两个部分资助资金从 2010 年的 4200 万澳元增长到 2019 年的 1.3 亿澳元，10 年来联邦累计投入资金 11.9 亿澳元。此外，从未来发展来看，联邦政府还计划将整个 HEPPP 项目预算从 2018 年的 156.6 亿澳元增加到 2021 年的 198 亿澳元，四年累计投入将达到 650.4 亿澳元。[①]

简言之，通过开展上述项目，澳大利亚联邦政府在推进教育公平，提高弱势群体的高等教育入学率方面获得了良好成效。到 2016 年，37 所符合条件的大学共实施了 2679 个项目，此外至少有 2913 个伙伴组织参加了 HEPPP 推广活动。参与项目并受益的学生超过 310000 名。[②] 通过持续的政策支持不断提升高等教育参与率，澳大利亚已成为全球高等教育普及率最高的国家之一。据世界银行统计，2016 年澳大利亚高等教育毛入学率达到 121%[③]，在发达国家中名列前茅。

---

① "Higher Education Participation and Partnerships Program"，HEPPP www. education. gov. au/ higher – education – participation – and – partnerships – programme – heppp.

② HEPPP Evaluation www. education. gov. au/heppp – evaluation.

③ 此处引用的是世界银行统计的 2016 年澳大利亚高等院校入学率（即按照国际教育标准分类的 ISCED5 级和 6 级在校生数与中学之后 5 年的学龄人口总数的百分比，数据截止到 2019 年 4 月），https：//data. worldbank. org. cn/indicator/SE. TER. ENRR？end = 2016&start = 2013&view = chart。

（三）保障教育公平的国际经验

综上，可以看出，国际组织和发达国家普遍将维护和促进公平作为教育发展的基本原则和核心价值。在具体的实践上，呈现出一些共同或相似的趋势，表现在如下三个方面。

一是坚持公平优先的理念。教育公平是社会公平的基础，但社会公平也深刻地影响着教育公平的实现。在公平的普世价值观影响下，国际组织、各国政府和社会公众普遍关注对弱势群体教育权利的保障，强调要坚持公平优先的理念，保障每一个学生享有平等的入学机会和学习条件，并致力于使他们获得相对平等的学习结果，达到各阶段的学习要求。简言之，这种追求机会公平和结果公平的理念，21世纪以来始终贯穿在国际组织和发达国家的各项发展战略规划和公共教育政策之中。追求机会公平和结果公平成为最突出的国际教育发展趋势之一。

二是坚持立法先行的原则。法律是一切政策行为的基本依据，通过立法将保障教育公平作为政府的基本职责之一是发达国家的普遍做法。可以说，通过立法，各国既在政治党派间和社会各界就保障教育公平达成共识，同时，也通过法律授权争取到各种财政、行政和社会资源推进教育公平政策的实施，从而使促进教育公平的工作具有了权威性和稳定性。

三是坚持循序渐进的策略。制约教育公平的因素非常复杂，特别是教育公平保障水平与国家经济和社会发展水平紧密相关。总体来看，随着经济社会发展水平不断提高，发达国家教育公平的保障范围进一步扩大，内容也逐渐丰富，逐步建立起较完善的教育公平保障体系（见表40）。因此，坚持循序渐进的策略，处理好"尽力而为"与"量力而行"的关系，是促进教育公平发展必须借鉴的国际经验之一。

表40　2017～2020年美国《每一个孩子成功法》财政年度预算项目拨款情况

单位：亿美元

项　目　＼　年份	2017年	2018年	2019年	2020年
基础教育项目改进	150.12	154.57	158.97	161.82
师资队伍建设	22.96	22.96	22.96	22.96
英语学习者及移民学生的语言教学	7.56	7.7	7.85	8.85
21世纪学校	32.25	32.27	33.33	33.39
各州创新与地方灵活性	4.7	4.7	4.7	4.7
印第安土著、夏威夷及阿拉斯加本土教育	1	1.02	1.04	1.06
影响援助	12.89	12.89	12.89	13.89
对无家可归子女的教育	0.85	0.85	0.85	0.85

资料来源：赵晓军、张曼：《美国基础教育改革中的公平观从NCLB法案到ESSA法案》，《现代教育论丛》2017年第5期，第49页。

二　提升教育质量，追求教育卓越

质量是教育的核心。相关研究和信息显示，21世纪以来越来越多的发达国家通过不断改进课程体系、提高课程标准、强调教学的重要性和加强对教师的培养，以及强化质量保障体系建设等措施，努力提升本国教育质量，追求教育卓越。

（一）聚焦"核心素养"培养

21世纪以来，围绕提升教育质量的目标，提高学生的综合素养，培养学生具备适应终身发展和知识经济社会所需的必备品格和关键能力成为各国公共教育服务体系建设的主要立足点。为此，在基础教育阶段，各国纷纷改进课程标准，积极构建以发展"核心素养"为基础的学生综合素养培养体系。

2006 年，欧盟向各成员国推荐了关于核心素养（Key Competencies）的建议案，将核心素养定义为知识社会中每个人发展自我、融入社会及胜任工作所必需的一系列知识、技能和态度的集合。建议案主要涉及母语、外语、数学与科学技术素养、信息素养、学习能力、公民与社会素养、创业精神以及艺术素养八个方面。[①] 欧盟核心素养体系的提出和确立对欧盟成员国、OECD 成员国乃至世界基础教育阶段的课程体系改革产生了重要深刻的影响。

在欧盟"核心素养框架"建议下，法国教育部于 2006 年颁布了《关于知识与能力的共同基础》法令，确立了在本国的义务教育阶段所有学生完成学业时所要具备的七项基本素养能力，并在不同课程领域中加以落实。2015 年法国教育部发布了新的《关于知识、能力和文化共同基础》法令，从五个基本领域对义务教育阶段学生应获得的必不可少的知识和能力进行了描述，力图构建一种各学科和课程融会贯通的学校教育基础文化，它使学生在学校及以后的生活中能够面对复杂的实际情况，能够获得终身学习的能力，适应未来社会的变化。[②] 西班牙政府也将核心素养写入国家法令。2006 年的《普通教育法》和"163 号皇家谕令"以欧盟核心素养要素为基础从国家层面制定了义务教育各学段的教育目标，各项教育目标的确立基于以下八类核心素养：语言交流素养、数学素养、了解物质世界并与之互动的素养、信息处理和数字素养、社会和公民素养、文化和艺术素养、学会学习、自主学习和个人主动性。[③]

---

① 李艺、钟伯昌：《谈"核心素养"》，《教育研究》2015 年第 9 期。
② 《法国发布"新共同基础"法令》，北京教育科研网，http://www.bjesr.cn/gjjyxx/2015 - 04 - 30/16686.html。
③ 尹晓霞、徐继存：《西班牙基于学生核心素养的基础教育课程体系构建》，《比较教育研究》2016 年第 2 期。

除了欧洲国家之外，为适应 21 世纪对人才培养的新要求，美国早在 2002 年就由联邦教育部成立了"21 世纪技能合作组织"（Partnership For 21st Century Skills）。该组织将 21 世纪应具备的技能进行分析和整合，制定了《21 世纪技能框架》（*Framework of 21st Century Skills*），并试图以"合作伙伴"的形式将教育界、商业界、社区，以及政府领导联合起来，将对 21 世纪技能的培养融入中小学教育当中。在 2007 年该组织发布的新一期"框架"中，21 世纪技能被分为核心学科、学习与创新技能、信息媒体与技术技能、生活与职业技能四大部分，每一部分包含若干素养能力（见表 41），并制定出一套系统的实施方案和评估体系来保障目标的实现。目前，在美国有 14 个州加入该组织，并在其框架的指导下实施"21 世纪技能"计划。

表 41　美国"21 世纪技能"的结构组成

核心学科	阅读、外语、美术、数学、经济、科学、地理、历史、政府和公民
学习与创新技能	批判性思维和问题解决能力、创造性和创新能力、交流与合作能力
信息媒体与技术技能	信息素养、媒体素养、信息交流和科技素养
生活与职业技能	灵活性和适应性、主动性和自我指导、社会和跨文化技能、工作效率和胜任工作的能力、领导能力和责任能力

资料来源：Framework for 21st Century Learning, http：//www.p21.org/about - us/p21 - framework。

在亚洲，2014 年 4 月新加坡教育部发布了《新加坡学生 21 世纪技能和目标框架》，明确提出全球化进程、人口问题和科技进步是未来发展的核心驱动力，新加坡学生需要通过发展 21 世纪技能来迎接挑战、抓住机遇。该框架从价值观、社交和情感技能、全球化技能三个层面定义了 21 世纪新加坡培养学生需具备的核心素养，并形成了基于核心素养之上的 21 世纪技能。该框架认为在所有核心素养中价值观居于核心地位，因为它是知识和能力的基础，决定一个人的性格特点，塑造一个人的信仰、态度和行为。社交和情感技能仅次于价值观素养，要求帮助学生识别和调控情绪，学会关心他人，做出负责任的决定，建立积极的人际关系，从而有效处理各种情境下的问题。第三个是全球化技能，包括公民素养，全球化意识，跨文化交际能力，批判性和创新性思维，沟通、合作和处理信息的能力。该框架提出对学生 21 世纪技能的培养不能仅限于课堂教学，而应该贯穿于整个学习过程，如学术课程、课外活动、品德与公民教育及应用性学习课程。同时，要培养具有胜任力和发展性的教师，让他们能使用创新的教学法扩展学生思维的深度和广度。[①]

（二）强化 STEM（科学、技术、工程和数学）教育

随着科技进步对经济社会发展、对各国综合国力提升的推动作用愈加显著，发达国家日益重视对学生科学、技术、工程和数学学科素养的培养，由此引发了各国对 STEM（Science，Technology，Engineering and Mathematics）教育的高度重视和大力推进。有些国外专家甚至提出了"STEM 时代"（The Age of STEM）的概念，认为 STEM 教育的重要性已被很多国家提高到其他学科无法企及的地位。[②]

---

① 刘菁菁：《新加坡发布学生 21 世纪技能和目标框架》，《世界教育信息》2014 年第 8 期，第 72 页。

② Across the world, STEM（learning and work in Science，Technology，Engineering and Mathematics）has taken central importance in education and the economy in a way that few other disciplines have. STEM competence has come to be seen as key to higher productivity, technological adaptation and research-based innovation. No area of educational provision has a greater current importance than the STEM disciplines yet there is a surprising dearth of comprehensive and world-wide information about STEM policy, participation, programmes and practice. 详细参见 *The Age of STEM*，edited by Brigid Freeman，Simon Marginson and Russell Tytler. First published 2015 by Routledge.

在美国，联邦政府将 STEM 教育上升到了国家战略高度，将其与美国的全球领导力直接联系。2013 年 5 月，美国出台了《联邦政府关于科学、技术、工程和数学（STEM）教育战略规划（2013—2018年）》，对美国 2018 年前的 STEM 教育发展战略目标、实施路线、评估路径做出了明确部署，旨在加强对美国 STEM 领域后备人才的培养和储备，继续保持美国在未来国际竞争中的优先地位。该战略注重提升 STEM 学科的教育质量，强调要在未来十年里使获得 STEM领域课程学位的毕业生数量提高三分之一，即增加 100 万名获得 STEM 领域课程学位的毕业生。① 此后，美国又先后于 2016 年和 2018 年连续发布《STEM 2026：STEM 教育创新愿景》（*STEM 2026：A Vision for Innovation in STEM Education*）和《绘制成功之路：美国 STEM 教育发展战略》（*Charting a Course for Success：America's Strategy for STEM Education*）两份战略规划（见表 42），结合科技与社会发展对教育的需求变化，对 STEM 教育目标进行不断调整。同时及时分析 STEM 教育的进展状况，对今后一段时期的战略进行部署。在战略推进中，美国联邦政府尤其重视调动各部门、各机构协同推进 STEM 教育的发展②，同时还试图通过整合学校、社会、雇主、企业等资源，促进全社会 STEM 生态共同体的形成。③ 这一切充分显示出近年来美国政府对 STEM 教育重要性的认识达到了空前高度，值得我们关注。

---

① 罗晖、李朝晖：《美国实施科学、技术、工程和数学教育战略提升国家竞争力》，《科普研究》2014 年第 5 期。

② 《以 STEM 教育创新引领教育未来——美国〈STEM 2026：STEM 教育创新愿景〉报告的解读与启示》，行知 STEM 教育网站，http：//www.astem.com.cn/shownews.asp？id＝232。

③ 《白宫发布 STEM 教育下一个五年计划——"北极星计划"》，搜狐网，https：//www.sohu.com/a/289916698_154345。

表 42　《绘制成功之路：美国 STEM 教育发展战略》目标与实施

途径	目标	商务部	国防部	教育部	国土安全部	内政部	劳动部	国务院	交通部	国内政策委员会	环境保护署	公共卫生服务部	国家航天航空局	国家科学基金会	史密斯学会(博物馆)	农业部
发展和丰富战略伙伴关系	构建 STE 教育的学习生态系统	·	·	·	·	·	·	·	·	·	·	·	·	·	·	·
	增加基于工作的学习与培训	·	·	·	·	·	·	·	·	·		·		·	·	
	融合来自整个学习领域的成功实践	·	·	·			·			·	·			·	·	·
重视跨学科学习	推进创新、创业教育	·		·			·			·		·		·	·	
	重视教学	·	·											·		
	鼓励跨学科学习	·	·	·	·	·	·		·				·	·	·	
重视计算思维	促进数学素养和网络安全	·		·		·			·			·		·		
	使计算机思维成为所有教育的一个组成部分	·	·		·	·	·			·		·		·	·	
	拓展数字教学平台	·			·		·			·				·	·	

资料来源：https：//www.whitehouse.gov/wp-content/uploads/2018/12/STEM-Education – Strategic – Plan – 2018.pdf。

STEM 教育在日本也受到了高度重视。日本政府为中小学课程设定 STEM 教育目标，增加了中小学阶段的 STEM 学科的课时和内容，加大了对科学教育项目的支持，激励学生投身 STEM 学科学习。2008 年日本颁布中小学课程标准，在原有所谓的"宽松教育"基础上重新大幅增加了STEM相关课程的课时和内容，仅初中阶段的科学教育课时就增加了约三分之一。此外，日本政府还设立STEM精英教育专项基金，识别具有STEM天赋学生并给予特殊培养。[①]

2015年，澳大利亚发布《STEM学校教育国家战略2016—2026》（*National STEM school education strategy 2016 - 2026*），希望通过采取国家行动，改进澳大利亚学校的科学、数学和信息技术教学与学习。作为一项指导改革进程的长期战略，该战略强调要确保学生拥有更扎实的STEM基础，同时也鼓励学生学习具有挑战性的STEM学科。与此相适应，澳大利亚联邦政府拨款1200万澳元推进四项STEM教育行动计划，即开发创新的数学课程资源、支持计算机代码教学引入各年级、建立科技高中（P-TECH）模式学校试点等。该战略还特别强调要加强国家、州和地方层面对STEM教育重要性的认识，聚焦确保澳大利亚学生获得学校之外、在快速变革的世界能够获得成功所需的STEM相关技能、知识和兴趣。[②]

（三）构建有利于拔尖创新人才成长的多样化的育人体系

在积极推进教育公平的同时，重视拔尖创新人才培养也是许多发达国家教育改革与发展的重要动向之一。以美国为例，2013年"世界知识产权组织"对148个国家的专利申请情况进行追踪后得出结论：美国仍然是全球最大的创新者，其专利申请占全世界总量的27.9%。大学是主要助推者，在专利申请最多的前10所大学中，美国大学占了9所。

---

① 杨亚平：《美国、德国与日本中小学STEM教育比较研究》，《外国中小学教育》2015年第8期，第26~27页。

② 《澳大利亚基础教育改革最新进展》，北京教育科研网，http://www.bjesr.cn/ywbm/jyfzyjzx/gjjy/2018 - 06 - 27/43334.html。

与此相比，我国大学的贡献薄弱，作用远未得到充分发挥（北京大学和清华大学在教育机构申请人排名中分别占据第 14 位和第 21 位）。①这从一个角度说明美国人才培养模式具有自身的一些独特优势。总体来看，围绕创新人才培养，强化学校与产业、社区、科技部门的协同合作，强化不同类型教育、不同层次教育之间的衔接沟通也成为国际教育发展的普遍趋势。

以美国基础教育与高等教育的衔接为例。目前，美国的许多高中阶段的学校都在基础课程之外，为学有余力的学生开设 AP 课程、IB 课程或荣誉课程等高阶课程，以裨益于拔尖创新人才的成长。以 AP 课程（Advanced Placement，由美国大学理事会赞助的高中先修性大学课程，简称 AP 课程）为例。作为与美国大学课程水平难度相当的课程，AP 课程在学习内容上比一般的高中课程的知识更深更复杂。学生通过 AP 考试换取的学分，可以同等换取相应的美国大学学分②，因此目前受到美国高中学生的普遍重视，是美国大学招生录取的重要参考依据之一。根据美国大学理事会的相关资料和统计，AP 课程自 1954 年第一次组织考试，1975～1985 年成为美国全国性的课程以来，一直被誉为"促进高中学习最有效的手段"（"the most rigorous means of accelerating learning in high school"），参与项目的学生年均增加 10%。到 2013 年提供 AP 考试的学校在美国接近 2 万所，高中毕业生中参加过 AP 考试的学生达到 100 万人，其中高中阶段考试成绩达到 3 分以上的学生达到 60 多万（见图 5、图 6），全美超过 90% 的大学都认可 AP 课程考试成绩并进行学分兑换。此外，加拿大、英国等国家的几乎所有一

---

① 《2013 年中国首进国际专利申请全球三强》，《科技日报》2014 年 3 月 15 日；《美国仍然是全球最大的创新者》，北京教育科研网，http：//www. bjesr. cn/gjjyxx/2014 - 03 - 26/11500. html。

② 百度百科"AP 课程"，https：//baike. baidu. com/item/AP% E8% AF% BE% E7% A8% 8B/5398261？fr = aladdin。

流大学以及其他一些欧洲大学也将 AP 课程考试成绩作为入学的重要参考。可以说，AP 课程和考试在当前美国高校选拔人才方面发挥着巨大作用。

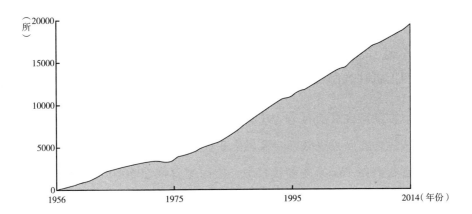

图 5　美国按年提供 AP 考试的学校数

资料来源：college board，Understanding the Advanced Placement Curriculum。

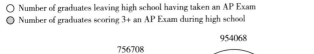

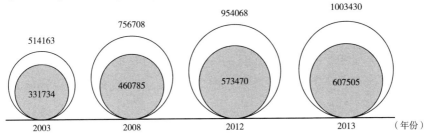

图 6　美国高中毕业生中参加 AP 考试并获得 3 分及以上成绩人数按年变化情况

资料来源：college board，Understanding the Advanced Placement Curriculum。

除了 AP 课程之外，目前美国许多大学和优质中学也重视让学生参加其他具有类似功能的课程体系。例如，国际文凭组织（the International

Baccalaureate Organization，简称 IBO）开发的 IBDP 课程。① 一般认为 IB 课程比 AP 课程更加系统、均衡，更加重视创新能力的培养，虽然成本昂贵但更加有利于创新人才成长。此外，还有部分优秀的学校尤其是私立学校，积极推进具有本校特色的"荣誉课程"（Honours course）建设等。

（四）重视教师专业能力建设

教师教学对教育质量的提升起着决定性作用。21 世纪以来，世界各国都从战略高度推进教师专业能力建设工作。

为培养世界一流的高素质教师，英国教育部在 2010 年颁布了《教学的重要性：学校白皮书》（The Importance of Teaching：School White Paper），2011 年又出台了《培训下一代优秀教师》（Training Our Next Generation of Outstanding Teachers）。针对目前英国中小学教师队伍特别是教师教育中存在问题，提出了包括提高职前教师教育准入标准、加大对职前教师教育学习者的财政支持、以多种培养途径吸纳各方人才加入教师队伍、推进职前教师教育伙伴关系、加强职前教师教育质量保障、提高教师待遇等一系列改革措施。

美国政府出台"力争上游计划"（Race to the Top），通过力推教师绩效工资改革，努力提升教师队伍整体素质。该计划的核心内容就是联邦政府深度参与对各州学校绩效和教师的合格性评估，通过绩效评价来确定校长和教师的工作成效，并以此为依据对州政府进行竞争性评价拨款，对教师进行奖励或惩罚。按照该计划的要求，各州需制订自身的计

---

① IBDP 由"知识理论"（TOK）、"创造、行动、服务"（CAS）、"拓展性论文"（EE）3 门核心课程和"语言 A1""第二语言""个人与社会""实验科学""数学""艺术与选修"6 组学科课程组成。3 门核心课程为必修内容，对 6 组学科课程则只需从中各选 3 门高水平学科和 3 门标准水平学科进行学习。

划，将学生的学业成绩与教师、校长的评估挂钩，及时公布评估结果。联邦政府还强调要大力吸引优秀人才到中小学从教，帮助学校每年招聘3万名教师。此外，美国政府还提出要创建面向大学毕业生的"教师服务奖学金"，在师资极度匮乏的学科领域或地区任教满4年的大学生，可获得相当于研究生两年学费的资助。① 2015年美国联邦政府又颁布《每个学生都成功法案》，对《不让一个孩子掉队法》（NCBL）进行了调整，特别是对NCBL法案中针对地方政府、学校和教师过于严格和片面的问责机制进行调整。在教师政策方面特别强调要培养、培训及聘任优质教师、校长和学校领导者。主要内容包括：一是进一步完善教师的培养机制和认证制度。二是支持地方教育机构完善对教师和校长的评价机制，建立基于学生学业成就表现、教师课堂教学表现的多元评价机制。三是拓展教师认证渠道，吸引更多STEM和英语等紧缺学科教师。支持地方招收和留住优秀教师、校长和管理团队。四是实行绩效工资制度，通过差别化的工资激励招收和留住国家急需学科和低收入学区的教师。五是开展针对教师、校长和学校领导者的培训，包括实施实习计划、专业指导和STEM专业培训指导等活动提升其专业素质。为了实施上述计划，美国联邦政府从2017年开始分4年预计拨款近19亿美元用于开展教师及校长领导力激励计划等具有全国影响力的活动。②

日本为应对经济社会发展对教师专业能力日益提高的要求，从教师培养的关键环节——师范教育入手推进改革。2016～2017年日本先后修订了《教师资格证法》及其实施规则。针对教师教育中存在的师范课程不能适应教育的环境变化、课程过于聚焦学术研究、对师范生的教

---

① 周满生：《奥巴马政府任内的教育政策》，《华东师范大学学报》（社会科学版）2012年第4期，第142页。

② U. S. Department of Education. Every Student Succeeds Act, http：//www. ed. gov/essa？src = policy。

师基本素养培养不足等问题，新版师范课程更加强调学科专业知识和学科教学法等内容的融合，更加关注学校一线教学所需要的技能知识。为应对教育环境的变化，师范课程中还增加了诸如小学外语教育、运用ICT 的教学法、特别支援教育、学校与社区协作、学校体验活动、德育、团队学校的构建等内容。[①]

（五）基于教育质量监控与评价开展教育改进

全面准确地掌握教育发展的基本状况和特征是提升教育质量的前提。近年来，世界各国尤其是发达国家持续加强教育质量监测评估体系建设以及对学生学业成就的测评工作。特别是通过参与国际组织测评项目、建立强大的教育监测数据系统、开发符合本国实际的测评指标和工具，积极构建完善的教育发展监测评价体系，为教育决策提供科学依据。

参加国际组织的学业成就测评项目被许多发达国家看作开展教育质量监测的重要手段之一。目前各国广泛参与，最具影响力的国际测评是由国际教育成就评价协会（IEA）和经济合作与发展组织（OECD）实施的相关测评项目（见表43）。IEA 实施的具有代表性的国际学生学业测评项目有 TIMSS（数学与科学素养）、PIRLS（阅读素养）、ICILS（计算机与信息素养）等。OECD 从 2000 年开始开展的国际学生学业成就调查 PISA（Programme for International Student Assessment）是目前全球参与度最大和最具影响力的测评。该项目主要对即将完成基础教育的15 岁学生进行评估，测试学生们能否掌握参与社会所需要的知识与技能。评估主要分为 3 个领域：阅读素养、数学素养及科学素养。PISA测试的重点并不限于书本知识，还包括参与成人社会生活所需要的知识

---

① 《日本：新版师范课程正式启动》，《北京教育科学研究院教育快报》（国际教育动态）2019 年第 10 期。

和技能。到目前为止，包括 OECD 成员国在内超过 70 个国家（地区）的学生参加了该项目评估。在 PISA2012 测评中全球有将近 51 万名学生参加了测试。①

表 43　国际组织和发达国家教育质量监控与评价主要项目

项目	实施机构	监测范围	监测对象	监测内容	监测周期/ 最近监测年份
数学与科学素养(TIMSS)	IEA	超过 60 个国家/地区	4 年级和 8 年级学生	数学和科学素养	每 4 年/2015
阅读素养（PIRLS）	IEA	超过 60 个国家/地区	4 年级学生	阅读素养	每 5 年/2016
国际学生评估项目(PISA)	OECD	65 个国家/地区（2012）	15 岁在校学生	阅读、数学和科学素养	每 3 年/2015
国家教育进展评估项目（NAEP）	NCES	美国	4 年级、8 年级、12 年级学生（9 岁、13 岁、17 岁学生）	数学、阅读、科学、写作、艺术、公民、经济学、地理、美国历史、技术和工程素养	每 4 年/2017（长期趋势评估，以数学和阅读素养为主）
国家评估项目（NAP）	ACARA	澳大利亚	3 年级、5 年级、7 年级、9 年级学生	阅读、写作、语言规范、算术、科学、公民、信息和通信技术素养	每年（阅读、写作、语言规范、算术）/2017
全国学力与学习状况调查（NAAA）	NIER	日本	小学 6 年级、初中 3 年级学生	国语、算数/数学、理科	每年/2017

资料来源：根据各项目官方网站资料整理。

国际教育测评项目对各国教育改革进程，甚至政治进程都产生了深刻影响，也促进了国际教育交流以及对国家教育竞争力问题的关注。英

① OECD. about Pisa，http：//www.oecd.org/pisa/aboutpisa/.

国《教学的重要性》白皮书是政府看到其学生在两次 PISA 测评（2000，2006）中成绩下滑之后出台的旨在面对危机全面改革教育的方案。日本政府在参与的 3 次 PISA 测评（2000，2003，2006）中成绩均有所下滑，为加强中小学教育质量监测，恢复了中断 43 年之久的全国性学力统一考试。[①] 2010 年 12 月 OECD 公布 PISA2009 结果的同时，还与美国联合发布了题为《教育成效者与成功改革者——PISA 测试表现优异地区教育改革对美国的启示》（*Strong Performers and Successful Reformers in Education—Lessons from PISA for the United States*）的报告[②]，详细分析了其他国家的教育发展经验（这份报告的第四章还对在上海和香港进行的中国教育改革的独特例子进行了详细的分析和阐述）。

除了参加权威的国际教育质量监测评估项目之外，建立健全本国的教育监测评估体系同样是发达国家为提升教育质量而采取的重要措施。以美国为例，联邦教育部国家教育统计中心（National Center for Education Statistics，NCES）负责开展的国家教育进展评估项目（The National Assessment of Educational Progress，NAEP）是美国当前最大也是持续时间最长的学生学业成就评估项目。NAEP 定期面向全国学生开展包含数学、阅读、科学、写作、艺术、公民学、经济学、地理、美国历史、科技和工程素养在内的学科学业成就测试。[③] 通过这些测试获得的数据和分析报告将提供给联邦政府和州政府作为教育政策调整的依据。同时，在此基础上 NCES 综合教育事业发展水平、劳动力教育状况和相关培训课程情况、财政情况和人员状况建立了一套完整的联邦

---

① 李伟涛：《基于 PISA 测试结果的教育政策调整分析》，《教育发展研究》2012 年第 4 期，第 46 页。

② OECD，"Shanghai and Hong Kong：Two Distinct Examples of Education Reform in China"，http：//www. oecd. org/countries/hongkongchina/46581016. pdf.

③ The National Center for Education Statistics（NCES）、National Assessment of Educational Progress（NAEP），http：//nces. ed. gov/nationsreportcard/about.

教育监测体系，开展了更多的评估与研究，公开出版《教育统计摘要》（*Digest of Education Statistics*）、《教育状况》（*The Condition of Education*）等报告，及时全面监测反映美国的教育发展状况，支撑教育决策。其他国家（地区）也有类似的项目，例如澳大利亚课程评估与报告管理局（Australian Curriculum Assessment and Reporting Authority，ACARA）实施的"国家评估项目（NAP）"[①]，日本文部省实施的全国学力与学习状况调查项目（National Assessment of Academic Ability，NAAA）[②]，等等。

三　普及学前教育，完善教育体系

对加快发展学前教育的重要性、紧迫性的认识的提高，是 21 世纪以来国际教育发展中最突出的特征之一。越来越多的国家开始明确政府在发展学前教育中的主要责任，不断提高学龄儿童入园率，普及学前教育成为许多发达国家最重要的教育发展战略之一。

（一）将部分早期教育纳入免费或义务教育体系

以英国为例，21 世纪以来已经逐步实现了学前教育的免费普及。2003 年英国发布的《每个儿童都重要》绿皮书（*Every Child Matters*）提出扩大免费学前教育年限，努力实现全国 3 岁幼儿的免费教育。2004年政府出台政策，正式对全国所有 3～5 岁幼儿实施每周 12.5 小时的

---

① 该项目面向澳大利亚全国中小学生开展阅读、写作等 9 门学科素养调查，旨在在全国范围内为学生成就提供全国可比的证据，为未来的教育政策发展、资源分配、课程规划以及必要的干预计划提供依据。详细见 http://www.nap.edu.au/about/why–nap。
② 该项目由日本国立教育政策研究所（NIER）具体组织实施。项目自 2007 年后每年对小学和初中毕业年级学生进行国语、数学、理科三科学习能力测试，以此掌握学生"基础学历"状况。调查报告中对每项测试结果都做出具体分析，并对教学应当加强的内容和注意的问题提出建议。

免费学前教育。随后，政府颁布了《家长的选择与儿童最好的开端：儿童保育十年战略》（*Choice for Parents，the Best Start for Children：A Ten Year Strategy for Childcare*）。该文件重申了对 3 ~ 5 岁幼儿实施免费教育的规定，并提出未来免费学前教育的计划——为所有 3 ~ 5 岁幼儿提供每周 20 小时的免费教育，其中第一阶段目标是于 2010 年实现所有 3 ~ 5 岁幼儿均能享受每周 15 小时的免费教育。至此，英国的免费学前教育政策正式确立。随后，政府又陆续出台了一些政策法规，使英国免费学前教育政策逐步走向完善。2006 年，政府颁布了《儿童保育法》（*Childcare Act 2006*），将免费学前教育写入该法，从而赋予了免费学前教育以法律地位。2010 年，政府根据之前所确定的免费学前教育规划目标，开始对 3 ~ 5 岁幼儿实施每周 15 小时的免费学前教育。[①]

总体来看，目前部分 OECD 成员国已经开始为一定年龄阶段（通常在开始义务教育的前一年或两年）的儿童提供免费的学前教育与保育服务或早期教育服务。例如，荷兰为 4 ~ 5 岁的儿童提供免费的早期教育，法国、以色列、墨西哥、葡萄牙和瑞典为所有 3 ~ 6 岁儿童提供免费的学前教育与保育或早期教育。[②] 正是在上述政策影响下，发达国家的学前教育普及率大幅提高。OECD 的相关数据显示，2005 年至 2016 年，OECD 国家 3 ~ 5 岁儿童的平均入学率从 75% 上升到 85%。2016 年，超过三分之二的经合组织国家 3 岁和 4 岁儿童的入学率高于 90%。

近年来，随着学前教育普及水平的进一步提高，以及社会对年轻

① 胡恒波：《英国实施免费学前教育的政策、举措及经验》，《学前教育研究》2013 年第 7 期。

② 唐科莉：《世界经合组织　发展学前教育并非只是增加机会》，《中国教育报》2013 年 3 月 15 日。

女性参与劳动力市场的支持，OECD 国家对儿童早期教育和看护（ECEC）的政策关注激增，重点发展面向 3 岁以下儿童的早期看护服务。据统计，大多数 OECD 国家，在 ECEC 机构注册的 3 岁以下儿童的比例在上升。2016 年，经合组织成员国平均约三分之一的 3 岁以下儿童就读于 ECEC 机构，比 2010 年增加了 5 个百分点。比利时、丹麦、冰岛、以色列、韩国、卢森堡、荷兰和挪威有超过一半的 3 岁以下儿童入学。[①]

（二）以公共财政保障学前教育发展

以公共财政为保障是目前发达国家普及学前教育的主要手段。"OECD 教育概览"相关数据显示，2010 年 OECD 成员国学前教育阶段的投入中公共财政投入占比平均达到 82.1%，私人投入仅占 17.9%（见表 44）。2013 年，OECD 国家学前教育机构平均 80% 的经费来自公共财政拨款，这一比例在欧洲的 OECD 国家中更高，达到 84%。[②] 相关研究还显示，OECD 一半以上的成员国公立学前教育机构超过 50%，有五分之一以上的国家公立学前教育机构占 80% 以上。瑞典、比利时、法国、英国、荷兰、新西兰、中国澳门特区等经济较发达的国家（地区）以及墨西哥、巴西、古巴等发展中人口大国将学前教育纳入免费教育范畴。与此同时，丹麦、荷兰、挪威、葡萄牙、英国、美国、日本等国对符合条件的儿童进入收费学前教育机构实施学费减免政策。美国、日本、加拿大、新西兰、中国港澳台地区等还对儿童或其家庭提供多种形式的财政资助，例如现金

---

① Education at a Glance 2018 OECD INDICATORS, https：//www. oecd – ilibrary. org/docserver/ eag – 2018 – en. pdf？expires ＝ 1558756803&id ＝ id&accname ＝ guest&checksum ＝ 9E5184D26AB2FE25AFA05A290AD9CCE8。

② 中国教育科学研究院编译《教育概览 2015：OECD 指标》，教育科学出版社，2017，第 353 页。

补助、税费返还和教育券等，支持适龄儿童选择较正规或质量较好的托幼教育。①

表 44 　 2010 年部分 OECD 国家学前教育投入中公共/私人教育经费所占比例

单位：%

国家	公共教育经费占比	私人教育经费占比
澳大利亚	55.8	44.2
芬兰	90.1	9.9
法国	93.7	6.3
日本	45.2	54.8
韩国	52.5	47.5
英国	91.4	8.6
美国	70.9	29.1
OECD 平均	82.1	17.9

资料来源：*Education at a Glance 2013：OECD Indicators*。

（三）促进学前教育优质发展

随着学前教育普及率的不断提升，以及各国学前教育财政投入的不断增长，学前教育质量成为国际组织和各国关注的重点。

以 OECD 为例。该组织自 2001 年以来连续发布 4 期强势开端报告，观察和研究各成员国学前教育发展的政策和教育实践。特别是在 2012 年发布的第 3 份强势开端报告中，还专门提出了提高学前教育质量的 5 个重要政策工具：质量目标和最低标准、课程和学习标准、师资队伍质量、家庭和社区参与，以及数据研究和监测。② 在 2015 年发布的第 4 份报告《强势开端Ⅳ：儿童早期教育与保育质量

① 庞丽娟等：《国际学前教育发展战略：普及、公平与高质量》，《教育学报》2013 年第 3 期。
② 刘颖、李晓敏：《OECD 国家学前教育质量监测系统分析及其对我国的启示》，《学前教育研究》2016 年第 3 期。

监测》（*Starting Strong IV: Monitoring Quality in Early Childhood Education and Care*）中，OECD进一步强调了质量监测对于提升学前教育质量的重要性。该报告指出，受到行政问责机制的影响，OECD各国普遍重视学前教育质量监测，在被调查的24个国家普遍加强了学前教育的监测工作。教育督导作为外部监测的重要方式被各国广泛采用（督导主要内容包括教师资质、课程的实施、材料的运用、活动的计划等）。此外，各国还采用家长调查和同行评议等方式开展外部监测。内部评估则主要包括自我评估、同伴评议和测验等形式。

再以美国为例。自1965年实施"开端计划"①以来，历经半个世纪的发展，美国已基本形成覆盖面广，具有较高保障水平的学前教育体系。为进一步促进学前教育发展，2009年美国进一步提出新的"开端计划"（Head Start），面向更广泛的儿童，提供包括早期学习服务、健康服务、家庭服务、资金保障服务和全州数据系统纵向服务。截至2012年，该计划为全美3000万名3～4岁儿童和家庭提供服务，累计投入资金80亿美元。2011年联邦政府还进一步实施了"力争上游"的子项目"力争上游——早期教育挑战计划"（Race to the Top—Early Learning Challenge），突出了以竞争拨款激励各州发展早期教育的模式，推动了各州学前教育的发展。②2015年颁布的《每一个孩子成功法》（ESSA）中学前教育政策部分进一步聚焦公平与质量等战略重点，提出要制定和完善早期教育项目，确定年度拨款；培训和招聘优秀教师及校长，实施全面读写教育计划；支持开发新的学期教育课程，为英语学习儿童和移

---

① "开端计划"是美国历史最为悠久，覆盖面最广、影响力最大的联邦政府早期教育项目，该项目最早在1965年由美国总统约翰逊提出，旨在面向3～4岁处境不利儿童提供早期教育服务，项目实施历经多届政府，其服务范围和影响力不断扩大。

② 谭娟：《美国学前教育改革战略新走向》，《比较教育研究》2013年第6期。

民儿童提供适宜的环境和策略；构建社区、家庭、幼儿园联动系统，推进家庭参与教育计划；等等。①

四 改革公立学校，激发办学活力

探索公立教育办学新模式，增强教育选择性，激发公办学校的活力也是 21 世纪以来国际教育发展的重要趋势之一。在全球大多数国家，公立学校体系尤其是基础教育阶段的公立学校体系作为政府提供基本公共服务的主要支柱，覆盖了大多数人群，是各个国家公共教育服务体系的主体部分。但是，公立学校体系在给大众提供免费或低成本教育服务的同时，由于缺乏有效的市场竞争和其所在体系固有的科层化特性，其运转的低效率一直被人诟病，直接表现就是社会公众对公立教育质量不满，要求选择更加多样、高质量教育的呼声越来越高。在此背景下，英美等发达国家从 20 世纪 90 年代开始探索推进公立学校办学体制改革，希望通过引入市场竞争机制、扩大学校办学自主权来激发公立学校体系的活力。其中具有代表性的就是美国的"特许学校"运动和英国"自由学校"项目。

（一）美国的"特许学校"运动

特许学校是一种独立的公立学校，是由美国州或市政府与一些团体、企业及包括教育工作者、家长、社区领导等在内的个人签订委托办学合同，政府提供经费支持，办学者按照承诺的绩效目标自主办学的一种办学形式。这类学校由州依照相关法律批准建立，办学经费来自联邦、州、地方政府及学区、捐款。特许学校与政府之间是一种契约的关

---

① 王洪晶：《奥巴马政府学前教育政策演进研究》，硕士学位论文，东北师范大学，2018。

系（通常3至5年），学校必须在规定时间内完成契约规定的绩效目标。这种目标通常是以改进学校教学现状为主，因此，多数特许学校属于推进教育改革的实验学校。也因如此，所以特许学校通常可以不受大多数管理传统公立学校的规章制度的约束，在各学科的授课时数、教学进度、教师工作准则、薪资规定，以及例行性的报表等方面享有很大的办学自主权。总体来看，美国各州特许学校从管理、运作到具体条例实施都有很大不同。但是，特许学校在内部管理上也有很多共同点，比如都必须设立董事会，董事会负责监督学校的运营，确保学校财务状况良好，对学校的行为负责等。①

自1992年美国明尼苏达州开办第一所特许学校以来，特许学校数量持续增长。21世纪以来，随着奥巴马政府成为特许学校坚定的支持者，特许学校的发展获得新的有利政策环境，2011年特许学校数量已达到5000多所（见图7）。特别是在2009年美国联邦政府推出的总金额达43亿美元的竞争性教育拨款计划"力争上游计划"（Race to the Top）中，将"解除对特许学校数量限制"作为重要加分项。在此背景下，目前全美有43个州和哥伦比亚特区通过了相关法案支持建立和发展特许学校。近年来政府对特许学校的支持力度进一步加大，根据美国全国公立特许学校联盟发布的报告，到2011年，美国特许学校学生人数超过200万名，占全美公立学校学生总数的4%。截至2011年，在美国72个城市中，特许学校的招生比例占到公立学校的1/10甚至更多，而在2008年，只有45个城市达到这样的比例。美国特许学校招收的学生中55%是非洲裔或西班牙裔学生，超过1/3的学生是有资格享用免费或优惠午餐的贫困学生。② 相关研究显示，特许学校受到学生和家长的广泛欢迎。有66%左右的特许学

---

① https：//edreform. com/2012/03/just－the－faqs－charter－schools/。
② 《美国政府大力推动　特许学校再受追捧》，《中国教育报》2011年11月1日。

校招生超编，到 2010 年 86% 的特许学校有学生轮候等待入学的情况。①

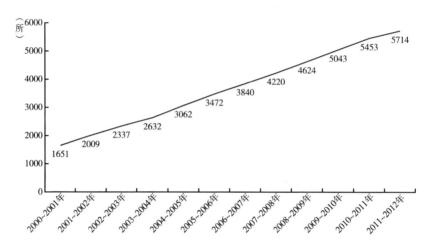

图 7　2000～2011 年美国特许学校数量增长情况

资料来源：Center for Education Reform，"The State of Charter Schools What We Know-and What We Do Not-About Performance and Accountability"。

（二）英国"自由学校"项目

2010 年 5 月，英国联合政府教育大臣麦克尔·戈夫（Michael Gove）上任伊始便出台了一系列新的教育政策，其中建立"自由学校（free schools）"是其推进教育改革的核心。2010 年英国议会通过《学院法案》（*Academies Act 2010*），为政府推行自由学校政策提供法律依据。联合政府明确鼓励社会团体和个人举办自由学校，其目的是要建立更加高效和自主灵活的公立学校类型，以应对英国公立学校教学质量下降和管理效能低下的问题，同时扩大家长与社会的选择权、将教师从官僚体系中解脱出来、改善学校对学生的管理、改革课程与考评体制、提

---

① 杨梅：《美国特许学校运动研究》，人民出版社，2014，第 140 页。

高学生成绩。英国政府对自由学校给出的定义是："自由学校是接受政府资助的非营利性学校，是应那些为提高社区教育质量和教育需求开办的学校。自由学校不得盈利，同时与公立学校一样，接受英国教育标准办公室（OFSTED）的监督检查。自由学校的招生过程必须公平透明，面向学区内的所有学生，不得引入竞争性选拔机制。"①

　　作为一种新型的公立学校，自由学校从建立之初就有自身鲜明的特色。首先自由学校是非政府部门举办的公立学校。与私立的教育机构不同，自由学校虽然是由社会团体和个人举办，但其主要经费来源于政府财政拨款，其主要目的是满足区域内学生更好的教育需求，学校对学生的招生是非选择性的。因此这类学校具有明显的教育公益性，提供的是基本公共教育服务，因此，虽然举办者不是政府，但仍然具有公立教育的基本特征。其次，与传统的公立学校相比，自由学校具有更大的办学自主权。英国联邦政府明确规定自由学校的创立不受地方政府约束，任何符合条件的个人或团体都具有申办学校的资格。学校可以自由安排课程、教师聘任、经费使用等管理事务。尤其是在课程设置方面，学院不需要采纳国家课程，他们可以自行选定适合本学校的课程，只要所选的课程符合"广泛且平衡"这一标准即可。三是通过与政府签订合同承担教育责任，并接受政府部门的监督。自由学校在举办形式上实质是政府委托办学，学校与政府之间通过签订合同，以契约的形式明确各自的责任。同时学校还必须接受国家教育督查机构的督查，需要对教育目标和结果承担责任。例如，在英格兰地区，政府要求自由学校必须满足如

---

① 英国教育标准办公室（OFSTED）全称为教育、儿童服务和技能标准办公室（Office for Standards in Education, Children's Services and Skills），是由英女皇会同枢密院指派的英格兰学校总督察，隶属于官方，而独立于部长级政府部门。其主要职责是负责对英格兰的学校和教育机构进行监管和评估。GOV. UK. 2010 to 2015 government policy: academies and free schools, https://www.gov.uk/government/publications/2010 - to - 2015 - government - policy - academies - and - free - schools/2010 - to - 2015 - government - policy - academies - and - free - schools#appendix - 1 - free - schools.

下条件：招收19岁以下的适龄学生接受教育（如果任何一所自由学校提供早期教育或者针对19岁以上学生的教育，将不能获得政府资助）；必须遵守学校招生规定；5岁以上的学生人数必须超过5名；考虑特殊教育需求实施章程（SEN Code of Practice）；由公益慈善组织运营；提供包括核心科目（数学、英语和科学）在内的广泛的、均衡的课程教学，不一定按照国家课程（National Curriculum）来教学；必须达到好的教学效果，在教育督查中也要有好的表现。

英国联合政府从2010年6月起开始允许组织和个人创办自由学校，截至2014年英格兰地区自由学校总数已达到252所，大部分新的自由学校都建立在学位短缺的地区或者贫困地区。从学校类型看，83%为主流学校（包括小学、中学、招收16~19岁学生的学校和一贯制学校），17%为特殊学校和替代学校（为有特殊需求的学生或不能适应主流学校的边缘学生提供特别教育）。从招收学生年龄分布看，37%为小学，40%为中学，17%为一贯制学校，6%为16~19岁学生学校。在质量方面，2014年10月，英国教育标准办公室依据更加严格的新标准框架对78所自由学校进行评估，结果显示：约70%的自由学校被判定为"杰出"（outstanding）和"良好"（good）的等级，而其中被判定为"杰出"等级的学校数量比例是其他公立学校的2倍多。同时，自由学校也受到了家长的热烈欢迎。近期的相关调查显示，自由学校非常受家长认可，81%的家长表示欢迎自由学校开设在他们所在的社区，73%的家长会考虑送自己的孩子去自由学校就读。将近1/4的英国家庭更希望他们的孩子能够接受自由学校独特的教学方法。[①]

总之，尽管特许学校和自由学校运动（项目）仍在发展进程中，

---

① 刘吉良：《英国自由学校项目的实践与面临的挑战》，《世界教育信息》2016年第4期，第39页。

也存在一些有较大争议的问题，如学校教学质量监管、教师任用标准、与其他公立学校的公共资源竞争等问题。但这种公立学校的改革实验对现有的公立学校体系产生了很大影响，加大了体制内学校对生源、教师、政府拨款等资源的竞争，提高了公共教育资源的使用效益，同时也为学生和家长提供了多样的教育选择，为我们研究分析现代化的公共教育服务体系提供了重要的现实参照。

五　强化教育规划，推进多元治理

从 20 世纪 90 年代起，在科学技术（特别是通信、信息和现代交通技术）迅猛发展的推动下，以在全球运作的跨国公司为载体，经济全球化进入新的发展阶段，这迫使世界各国开始在全球产业分工的格局下思考本国的产业调整和国家竞争力。特别是经济合作与发展组织于 1996 年提出知识经济①的概念后，面对"科学技术突飞猛进，知识经济已见端倪，国力竞争日趋激烈"② 的发展态势，世界各国特别是发达国家对于教育发展和人力资源开发的重视程度持续提高。由此引发了各国公共教育管理体制领域的一系列变革，呈现出一些新的发展态势。

（一）教育的宏观管理和统筹规划日益增强

21 世纪以来，一些发达国家的公共教育治理模式呈现出一种新的变化趋势，那就是在以传统的地方分权制模式管理的国家，中央和州政

---

① OECD 将其定义为拥有、分配、生产和着重使用知识的新经济模式。详细请参阅百度百科"知识经济"，https：//baike.baidu.com/item/%E7%9F%A5%E8%AF%86%E7%BB%8F%E6%B5%8E/22646？fr = aladdin。

② 《中共中央国务院关于深化教育改革全面推进素质教育的决定》（1999 年 6 月 13 日）。

府介入教育管理的趋势愈发明显。通过立法、规划、监测评估等方式规范公共教育服务标准，通过拨款和资助等方式提升公共教育服务水平成为中央及州政府宏观管理和统筹规划教育发展的重要手段。究其动因，主要有两点：一是政治需求因素引导。发达国家在教育普及达到较高水平后，民众对教育质量有了更高的要求，改善教育质量成为对教育发展的主要诉求。另外，在公平、民主等普世价值观影响下，社会公众更加关注对弱势群体受教育权利的保障。要回应这些政治诉求，仅仅通过地方政府和学校自身调节显然是不够的，还需要更高层级的政府对教育的各个方面进行统筹管理。因此，提高教育质量、促进教育公平普遍成为最基本的国家教育政策目标。二是国际竞争与人才需求因素引导。激烈的国际竞争中人才竞争是关键。特别是随着以"金砖国家"为代表的新兴经济体国家的快速发展，人才流动的全球化趋势明显，国家之间尤其是发达国家与发展中国家之间的创新人才竞争日趋激烈。为保持国家竞争优势，发达国家更加重视对创新人才的培养。为此，通过教育发展战略和规划，积极主动地引导教育改革就成为发达国家政府施政的必然选择（见表45）。

表 45　21 世纪以来部分发达国家教育战略与政策目录

国家	战略规划名称
美国	美国教育部的五年战略规划：《2001—2005 年战略规划》《2002—2007 年战略规划》《2007—2012 年战略规划》《2011—2014 年战略规划》《2014—2018 年战略规划》 其他规划：《联邦政府关于科学、技术、工程和数学（STEM）教育战略规划（2013—2018 年）》 教育相关法案：《不让一个孩子掉队法》（2002）、《复兴与再投资法》（2009）、《每个学生成功法》（2015）
英国	《高等教育的未来》（高等教育白皮书）（2003） 《教学的重要性》（2010） 《培养下一代优秀教师》（2011） 《以学生为核心》（高等教育白皮书）（2011）

续表

国家	战略规划名称
日本	《教育振兴基本计划(2008—2012)》(2008) 《留学 30 万人计划》(2008) 《第二期教育振兴基本计划(2013—2017)》(2013)
澳大利亚	《STEM 学校教育国家战略 2016—2026》(2015)

资料来源：根据相关文献整理。

（二）扩大学校办学自主权与加强评估问责有机结合

在很多发达国家，基础教育的管理重心在地方，为本地居民提供基本公共教育服务是地方政府的主要职能之一。在此背景下，学校的最直接管理者——地方教育局和学区董事会掌握着对地方学校管理的决策权。但是如上所述，近年来越来越多的关键性教育决策都是由国家和各州制定的。[①] 受此影响，这些国家的地方教育管理部门的管理权利受到更多限制，而学校能够从中央和州政府获得更多经费和其他资源，办学自主权进一步扩大。

与此相适应，在这些国家教育管理变革的另一个突出趋势是绩效评估和问责制的普遍推进。许多发达国家政府在学校教育治理中普遍采用绩效问责制，通过建立高标准的学生学术成就和教育教学目标对学校和教育管理部门进行绩效评估，并以此为依据调整教育经费等资源的分配。以美国为例，其中最具代表性的就是 2002 年《不让一个孩子掉队法》（NCLB）的颁布及实施。该法案以注重教育绩效为主要指导原则，要求教育系统以学生成绩作为教育投资回报，在整个教育体系中建立绩效评价体系，并以此为目标设立了大量强制性测试标准。尽管这种高标准的绩效考评管理模式在教育实践中广受争议，美国联邦政府近年来也

---

① 王燕主编《G20 成员教育政策改革趋势》，教育科学出版社，2015，第 169 页。

对部分政策进行了调整，如新出台的《每一个孩子成功法》（2015）废除了 NCLB 法案中"一刀切"的问责制，取而代之的是"为所有学生取得进展而设定有意义的目标，且确保每一个学生亚群体在为大学学习和就业做好准备方面取得收获"[①]。但总体来看，问责制仍然是该法中的一项重要管理手段，基于绩效问责的管理模式在公共教育服务体系建设中的作用受到越来越多的认可与应用。

（三）重视教育立法和教育政策咨询

公共政策通过立法程序上升为法律制度，是获得自身权威性和财政支持的重要基础。从发达国家的经验来看，不管一项教育公共政策制定的主体是谁，在大多数情况下它都必须经过立法机构的审议和讨论才能最终获得通过和执行。而教育政策从议题上升到法律，必定是一个多方协商、咨询的过程。如美国基础教育领域最为重要的两个法案——《不让一个孩子掉队法》《每个孩子成功法》，均是基于广泛的调研及政策咨询后提交国会审议通过并获得授权，正式成为法案并获得财政预算支持的。发达国家以立法的形式制定教育政策，究其原因，与其健全的法律体系和严格的预算制度密切相关。政策一旦成为法律，其执行就具有了强制力，对政策的执行者来说将负有更大的法律责任。而且大部分法律规定条细分明，权责明晰，可操作性强，为政策的顺利实施和效果评价奠定了良好的基础。[②]

同时，从发达国家的教育政策制定实践来看，政策咨询制度在保障教育政策制定的科学性、民主性上发挥了不可替代的作用。从政策咨询

---

① 周岳峰编译《每一个学生成功法：初等和中等教育进展报告》，《世界教育信息》2016 年第 5 期。

② 汤术峰：《21 世纪初发达国家高等教育战略规划比较研究——基于教育规划文本的分析》，硕士学位论文，湖南师范大学，2012。

机构组成来看，如英国的大学调查委员会、日本的中央教育审议会等，这类机构的组成人员均为教育行政机构以外人员，除了教育领域的专家代表，还有一部分社会其他领域的专家代表。组成人员职业的非官方化和多元化保证了其政策主张的中立性和广泛代表性。此外，组成人员都具有各自领域深厚的专业背景，这也为教育政策制定的科学性提供了保证。从政策咨询运行过程来看，发达国家普遍采取的方式是咨询过程公开，政策草案接受公众的讨论，建立起政府、咨询机构、公众的意见征求和反馈渠道。以美国为例，其联邦行政程序法明确规定各类政策法规制定过程中要设立通告和评论环节。行政机构必须就它的相关草案或主要内容，在联邦登记并公布，供公众了解和评论。英国、日本在政策制定过程中也借助政策咨询机构的协调作用，对咨询报告广泛征求公众意见，开展政策辩论，在充分吸收各方意见后形成的相关政策草案才能递交国会审议。简言之，发达国家对政策咨询制度的重视，政策咨询机构作用的有效发挥是其教育政策制定科学性和民主性的重要基础。[1]

六　发展教育技术，实现教育信息化

2018 年 5 月习近平总书记在北京大学师生座谈会上的讲话中，明确指出"随着信息化不断发展，知识获取方式和传授方式、教和学关系都发生了革命性变化"[2]。可以说，随着信息技术的快速发展，大力推动信息技术和教育的深度融合，积极促进教育变革创新，实现教育信息化，构建更加开放灵活的公共教育服务体系是当前世界教育发展的重要趋势之一。

---

[1]　汤术峰：《21 世纪初发达国家高等教育战略规划比较研究——基于教育规划文本的分析》，硕士学位论文，湖南师范大学，2012。

[2]　《习近平在北京大学师生座谈会上的讲话》，《人民日报》2018 年 5 月 2 日。

（一）大力推进教育技术开发和应用

以美国为例，2015 年 10 月底，美国白宫发布了《美国创新新战略》（*New Strategy for American Innovation*）。这是继 2009 年首次发布、2011 年进行了更新之后，美国白宫再次发布有关创新战略的报告。该报告开宗明义，强调要对美国政府推进创新战略的努力进行全面评估，以确保美国继续作为世界上最具创新性经济体的领导地位，发展面向未来的产业，并利用创新帮助解决美国面临的最重要的挑战。① 该报告称，"事实上从 1948 年到 2012 年，作为经济增长的一个核心动力，美国生产力增长的一半以上来自创新和技术改变"②。该报告提出未来美国要重点发展九大战略领域，包括先进制造（Advanced Manufacturing），精密医疗（Precision Medicine），大脑计划（BRAIN Initiative），先进汽车（Advanced Vehicles），智慧城市（Smart Cities），清洁能源和节能技术（Clean Energy and Energy Efficient Technologies），教育技术（Educational Technology），太空探索（Space），计算机新领域（New Frontiers in Computing）。

在教育技术部分，该报告称，目前美国教育领域科技的使用与其他领域技术的使用程度之间存在显著差异，在过去 5 年，美国国防部高级研究计划局的统计研究说明，经受过数字化训练的海军学生比 98% 的通过传统训练的海军学生表现得更为优秀。因此，美国总统提议为99% 的学生在 2018 年之前接通高速宽带网络。此外，为取得教育领域

---

① 美国总统奥巴马在其《2015 年国情咨文》就曾提出 "21 世纪的商业将倚靠美国的科学技术和研发实力……我希望美国人能够赢得通过各种新发现创造就业的这场竞争。"（"Twenty-first century businesses will rely on American science and technology, research and development⋯I want Americans to win the race for the kinds of discoveries that unleash new jobs.", President Obama, 2015 State of the Union Address。）

② In fact, from 1948 – 2012 over half of the total increase in U. S. productivity growth, a key driver of economic growth, came from innovation and technological change.

新技术突破，美国 2016 年投资 5000 万美元建立教育高级研究计划局
（ARPA-ED）。[①] 与此相适应，美国教育部 2015 年 12 月 10 日，发布了
2016 年国家教育技术规划《未来准备学习：技术在教育中的作用的新
图景》（*Future Ready Learning*：*Reimagining the Role of Technology in
Education*）和支持个性化专业学习的新承诺。[②]

（二）重视利用信息技术改造现有教育体系

信息技术的迅速发展是当代世界的最重要特征，世界银行《2016
世界发展报告：数字红利》（*2016 World Development Report*：*Digital
Dividends*），指出"我们正身处人类有史以来最伟大的信息通信革命进
程之中。全球超过 40% 的人可以访问互联网，而且新网民还在与日俱
增。世界最贫困的 20% 家庭中，将近 70% 有手机。更多最贫困家庭拥
有手机，而非厕所或清洁用水。我们必须充分利用技术迅速变革这一契
机，建设更为繁荣与包容的世界"[③]。与此相适应，重视利用信息技术
改造现有教育体系是当前许多发达国家和地区出现的重要趋势，一系列
与信息技术发展密切关联的教育理论和实践不断推出。

以澳大利亚为例。2009 年澳大利亚联邦政府投入 24 亿澳元推进
"数字教育革命"，承诺将计算机放到所有中学生的手中，为他们将来

---

① The Strategy, first issued in 2009, provides an overview of Administration efforts to ensure America continues to lead as the world's most innovative economy, to develop the industries of the future, and to harness innovation to help address our Nation's most important challenges. The white house president barack obama. fact sheet：The White House Releases New Strategy for American Innovation, Announces Areas of Opportunity from Self-Driving Cars to Smart Cities. https：// www. whitehouse. gov/the – press – office/2015/10/21/fact – sheet – white – house – releases – new – strategy – american – innovation.

② Office of Educational Technology：*National Education Technology Plan*，http：//tech. ed. gov/ netp/。

③ 《世界银行〈2016 世界发展报告〉关注"数字红利"》，北京教育科研网，http：// www. bjesr. cn/ywbm/jyfzyjzx/gjjy/2018 – 06 – 27/43403. html。

在数字世界工作做准备。2014 年还先后发布了《澳大利亚国家课程：数字技术》、《2014 全国评估计划——ICT 素养报告》［*2014 National Assessment Program*（*NAP*）*—Information and Communication Technology*（*ICT*）*Literacy Report*］ 等促进信息技术与学校教育教学的融合。[①]

以法国为例。2013 年，法国在《重建共和国基础教育规划法》中提出要大力发展数字化教育。2015 年 5 月启动了"学校数字化"计划。根据该计划，自 2015 年秋季新学期起，法国 350 所试点小学和 220 所试点初中率先进行数字化教学改革。这些学校是根据自愿原则，以各学校、研究院所和地方政府共同参与的项目为参考选定的。超过 7 万名学生和 8000 名教师将配备移动设备和数字化资源，尝试新的教学形式与学习方法。10 亿欧元资金将主要用于培训教师和工作人员、开发教育资源以及购买电脑。此外，众多发展数字化教学资源的措施于 2015～2016 学年度开始实施，并于 2016 年新学期向所有教学人员及学生开放。为了辅助数字化计划的推广，并在全法普及教育体系向数字化转型的文化，法国政府从 2015 年起，还通过"未来投资计划"支持"数字法国，数字化培训与研究平台"项目，支持各地方围绕数字教育展开的创新教学方法与经验的活动。[②]

再以美国为例。2016 年美国发布《全民计算机科学行动计划》，目的就是培养中小学生的计算思维能力，从而使他们可以在数字世界中成为积极的参与者和创造者。通过该计划各州获得 40 亿美元的资金，学区获得 1 亿美元的资金，用于扩大教师的培训范围以及获得高质量的教学材料。[③] 为响应该计划，美国国家科学基金会（NSF）下属的教育研究部

① 《澳大利亚发布 ICT 素养评估报告》，北京教育科研网，http：//www. bjesr. cn/ywbm/jyfzyjzx/gjjy/2018 - 06 - 27/42643. html。

② 《法国启动雄心勃勃的"学校数字化"计划》，北京教育科研网，http：//www. bjesr. cn/ywbm/jyfzyjzx/gjjy/2018 - 06 - 27/43324. html。

③ 《国际教育信息化发展 2016 地平线报告（基础和教育版）》，http：//res. bjou. edu. cn/contentk. jsp？ urltype = news. NewsContentUrl&wbtreeid = 1053&wbnewsid = 1118。

门设立 12 亿美元的专项基金，支持计算机教育研究项目，包括设立面向学校的计算机原理课程研究、培养教师和学生计算思维、改变计算机教育教学方式和教学环境、教育数据挖掘分析等重大教育研究项目。①此外，美国大学理事在 2016 年修订了新的美国大学先修课程（AP）的计算机科目的内容，将 AP 计算机科学原理作为一项为普及计算机科学而设置的高中课程，计算机编程语言成为这门课程的主要内容。

再以英国为例。英国在 2013 年发布的新课程呈现信息化教育改革的新趋势，即以新的儿童计算机科学、信息技术和数字素养教育取代传统的 ICT 素养教育。通过突破对简单的计算机应用程序的学习，将"教学生如何编码，以及如何创建自己的程序，而不只是如何操作电脑，还有电脑如何工作，以及如何让它为你工作"作为新的学习内容。2015 年英国对课程进行全面改革，对中小学各阶段的信息素养教育提出明确要求：在 Key Stage 1 阶段（1～2 年级）将学习什么是算法，培养逻辑推理技能，并在使用设备"创建、组织、存储、操作和检索数字内容"方面迈出第一步。在 Key Stage 2 阶段（3～6 年级）将创建和调试具有特定目标的更复杂的程序，学习使用网站和其他互联网服务，将有更多的实践使用设备收集、分析和呈现数据和信息。在 Key Stage 2 阶段（7～9 年级）将学习使用两种或两种以上的编程语言、学习简单的布尔逻辑（例如 AND、OR 和 NOT 运算符），处理二进制数，并学习计算机硬件和软件如何协同工作。② 为进一步推进新课程落地，英国在 2016 年秋季开始在中小学校强制推行编程课程。③

---

① 张铭：《计算机教育的科学研究和展望》，《计算机教育》2017 年第 12 期。

② National curriculum in England：computing programmes of study，https：//www.gov.uk/government/publications/national－curriculum－in－england－computing－programmes－of－study/national－curriculum－in－england－computing－programmes－of－study。

③ 《国际教育信息化发展 2016 地平线报告（基础和教育版）》，http：//res.bjou.edu.cn/contentk.jsp？urltype＝news.NewsContentUrl&wbtreeid＝1053&wbnewsid＝1118。

（三）重视研究和预防信息化社会带来的新的教育问题

以日本为例，2015 年 11 月日本东京都教育委员会发布了"东京 SNS（Social-Working-Service）守则"，作为《东京都教育对策大纲》举措中的重要一环，目的就是防止中小学生陷入因使用社交服务网络而引发的欺凌事件、交流纠纷和犯罪活动等。因为日本东京都教育委员会的相关调查显示，都内小学 4 年级学生的智能手机使用率几乎达到了 100%，而每天使用 SNS 超过 3 小时的高中生比例为 25%。近年来，日本中小学生因使用 SNS 而发生的社交纠纷明显增多，受害程度也随年龄增长而加深。并且相关数据显示，长时间使用智能手机的学生，其学力水平相对较低，身心健康受到影响。此外，2016 年 3 月东京都教育委员会还携手日本 LINE 有限公司，签约"东京 SNS 守则"，共同推进相关研究项目，希望通过政府与企业的相互协作，培养学生在信息社会中所应具备的信息素养与信息伦理道德。[1] 该项目的主要目的是充分利用 LINE 公司的技术优势，用一至三年时间开发出让中小学生正确使用互联网的教学方法和相关教材，进而普及至东京都全体公立学校，推进开展信息素养与信息伦理道德教育。

当然，除了信息素养与信息伦理道德教育等议题之外，许多国家和地区还高度重视解决教育领域的"数字鸿沟"[2] 问题。例如，澳大利亚联邦政府 2016 年发布的《国家创新与科学进程》，不仅提出了构建现

---

[1] 李冬梅：《东京都：政企协作推进信息素养教育》，北京教育科研网，http：//www. bjesr. cn/gjjyxx/2016 - 05 - 12/25517. html。

[2] 最先由美国国家远程通信和信息管理局（NTIA）于 1999 年在名为《在网络中落伍：定义数字鸿沟》的报告中定义：数字鸿沟（Digital Divide）指的是一个在那些拥有信息时代的工具的人以及那些未曾拥有者之间存在的鸿沟。在英文里面，数字鸿沟大多数时间统称"Digital Divide"，也有时候叫作"Digital Gap"或者"Digital Division"，本意是数字差距或者数字分裂。来源于百度百科"数字鸿沟"，http：//baike. baidu. com/link？ url = FQHsShNpnOFAwjE6E1 - givjeyNHRcpoiz3gzFj3fef2Nex77CqFWMQVla4B - ok3Ff2Mxr9dJ73ZSzP1pAi_ WWa。

代化、有活力的 21 世纪经济新愿景，而且计划投入 6500 万澳元，帮助所有澳大利亚学生拥抱数字时代，具备良好的科学与数学素养，从而为未来就业做好准备。其中还特别提出：投入 790 万澳元确保处境不利区域学校获得专业的 ICT 教师；投入 100 万澳元面向来自低社会经济水平区域的 9、10 年级学生开办"计算机科学暑期学校"；新增经费 690 万元，提供给阿德莱德大学，用于扩大实施对于提高教师数字化技能有实际影响的计划，使处境不利学校和原住民学校的教师具备使用新技术所需的技能与自信，促使他们在日常教学中使用数字技术。①

---

① 《澳大利亚：缩小处境不利学生的数字化鸿沟》，北京教育科研网，http：//www. bjesr. cn/ywbm/jyfzyjzx/gjjy/2018 – 06 – 27/43404. html。

第六章
加快建设中国特色公共教育服务体系的战略构想

随着中国特色社会主义进入新时代，特别是党的十九大有关 2035 年"基本实现社会主义现代化"、2050 年"把我国建成富强民主文明和谐美丽的社会主义现代化强国"战略目标的提出，加速推进我国从教育大国迈向教育强国的任务日益紧迫。建设中国特色、现代化的公共教育服务体系既是国家现代化对教育发展提出的客观要求，也是教育自身实现现代化的内在需要，是新时期我国教育改革发展面临的重大历史性任务。

一　中国特色公共教育服务体系的基本框架

综合分析我国有关公共教育服务体系建设的理论研究与实践探索，可以看出当前和今后较长一段时间推进中国特色公共教育服务体系建设的关键，就是以习近平新时代中国特色社会主义思想为指导，全面落实全国教育大会精神，全面加强党对教育工作的领导，全面贯彻党的教育方针，坚持中国特色社会主义教育发展道路，坚持在发展中保障和改善民生的总体战略部署，用系统化制度建设的方式反映新时代对公共教育服务的新期待，满足我国教育普及程度日益提高后教育自身的分化与综合提出的新需求，走一条具有时代特点、中国特色的教育现代化道路。从公共教育服务体系的规定性和阶段特征出发，建设与我国现代化进程相适应的中国特色、现代化的公共教育服务体系，就要推进四个相互联系、相互依赖、相互促进、有机统一的教育领域进行综合改革（见图8）。

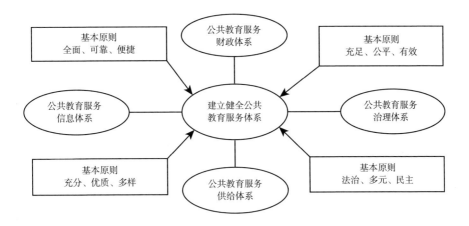

图8　中国特色公共教育服务体系的理想类型

（一）构建现代化的公共教育服务财政体系

公共教育服务财政体系主要是指政府为履行公共教育服务职责而对教育经费投入做出的具体系统的制度安排。构建现代化的公共教育财政体系必须遵循三项基本原则：一是充足。主要是指政府（尤其是以承担公共服务为主要职能的地方政府）财政支出结构中，公共教育服务支出要成为政府的主要支出，努力实现生均教育经费水平达到世界发达国家平均水平，并逐步向世界先进水平迈进。二是公平。主要是指要"以公共化为取向，以均等化为主线，以规范化为原则"优化公共教育投入机制，包括形成权责统一、以政府投入为主体的多元化的公共教育投入筹措机制，公平有效的公共教育投入配置机制以及透明公开的公共教育财政投入决策机制。三是有效。主要是指要按照"经济性（Economy）""效率性（Efficiency）"和"有效性（Effectiveness）"的原则建构公共教育支出绩效考评机制，形成以结果为导向的公共教育投入预算体制。

（二）构建现代化的公共教育服务治理体系

公共教育服务治理体系是指政府依法对自身及其他公共教育的利益相关者共同管理的公共教育事务的内容和程序做出的具体系统的制度安排。构建现代化的公共教育服务治理体系必须遵循三项基本原则：一是法治。主要是指要在持续完善中国特色社会主义教育法律体系的基础上，全面推进依法治教、依法办学，努力实现教育领域的科学立法、严格执法、公正司法、普遍守法。特别是要依法合理界定中央政府和地方政府的公共教育服务职能，合理划分政府的财政事权和支出责任，强化各级政府，特别是地方政府对教育发展的保障和监督问责职能。二是多元。主要是指要在全面加强党对教育工作领导的基础上，形成政府依法宏观管理、学校依法自主办学、利益相关者（包括科研机构、企业、中介组织、社区、家长）积极有序参与、各方合力推进的公共教育治理格局。三是民主。主要是指要以建立现代学校制度为导向，通过明确学校的法律地位，处理好学校内部的政治领导权力、行政管理权力、学术自治权力和民主监督权力之间的关系，形成学校内部高效的治理结构和运行机制，激发教职工干事创业的内生动力，提升公共教育服务机构的公共服务意识和能力。

（三）构建现代化的公共教育服务供给体系

公共教育服务供给体系主要是指国家配置或提供公共教育服务（产品）的具体系统的制度安排。构建现代化的公共教育服务供给体系必须遵循三项基本原则：一是充分。主要是指与我国经济社会发展相适应，要持续提高教育的普及化水平，不断拓展和提升公共教育服务体系的整体服务范围和水平，努力构建人人学习、时时学习、处处学习的学习型社会，实现"幼有所育、学有所教"。对于我国许多城市而言，这一原则意味着必须努力实现公共教育服务对象从户籍人口向常住人口的扩展。二是优质。主要是指要适应我国教育发展正在从"普及教育阶段"向"后普及化阶段"加快迈进的阶段性特征，将"质量"作为公共教育服务体系建设的核心，建立健全教育质量标准和保障体系，推动公共教育服务公平高质量发展。三是多样。主要是指要以满足人民群众日益增长的对优质、公平、多样、便捷教育的需求为立足点，优化教育结构类型，丰富公共教育服务产品资源，积极推动公共教育服务供给侧结构改革，既要解决部分地区公共教育产品短缺和公共教育服务不到位等问题，也要力所能及地满足家长和学生对教育的选择性需求。

（四）构建现代化的公共教育服务信息体系

公共教育服务信息体系主要指政府为履行提供充足、清晰和可信的公共教育服务信息基本职能而做出的具体系统的制度安排。[1] 构建现代化的公共教育服务供给体系必须遵循三项基本原则：一是全面。主要是指要满足社会公众对公共教育服务的知情权、参与权、监督权，全面提升教育信息公开工作的制度化、规范化水平。在不涉及国家秘密、个人隐私的情况下，公共教育服务信息应坚持全部、及时和准确公开。特别是要积极推动重要信息的主动公开（尤其是涉及公众切身利益或社会普遍关注的公共教育服务信息），鼓励媒体和社会公众监督公共教育服

---

① 世界银行编《1997 年世界发展报告：变革世界中的政府》，中国财政经济出版社，1997，第 26 页。

务机构的工作。二是可靠。主要是指要充分利用现代信息技术，不断夯实和更新公共教育信息体系的基础设施，形成全国统一、权威的公共教育服务政策，数据和服务平台以及更新运维机制，为政府决策、科学研究和社会监督提供支撑。三是便捷。主要是指要完善公共教育服务信息的管理和使用制度，坚持需求导向和服务导向，为社会公众提供更加便捷多样的获得公共教育服务信息的渠道。

总之，拥有发达的公共教育服务体系是教育现代化的重要标志，关系我国现代化建设战略目标能否如期实现的全局。特别是 2035 年之前是我国全面建成小康社会，进而基本实现现代化的决胜阶段，也是我国总体实现教育现代化，进入教育强国和人力资源强国行列的关键时期。因此，秉持"创新、协调、绿色、开放、共享"的新发展理念，通过增进教育改革的"系统性、整体性、协同性"，积极构建中国特色、人民满意、世界先进的现代化公共教育服务体系，持续提高人民群众的教育获得感和满意度是我国教育现代化建设的主要内容。

二 构建现代化的公共教育服务财政体系

"公共教育服务体系"概念的提出，与改革开放以来我国教育普及程度迅速提高带来的一系列挑战密切相关，其核心问题是如何在新的形势下，强化国家的教育责任，更好地发挥政府在公共教育服务供给中的主导作用。"十二五"期间我国教育改革与发展的最大成就之一，就是 2012 年财政性教育经费支出达到 2.2 万亿元，占国内生产总值（GDP）比例首次突破 4%（达到 4.28%）。2013 年，全国教育经费更是突破 3 万亿元，其中国家财政性教育经费 2.4 万亿元，比 2009 年翻了一番。①

---

① 袁贵仁：《我国教育事业迈上新台阶》，《人民日报》2015 年 10 月 13 日。

"十三五"期间，尽管政府财力紧张，但国家财政性教育经费占国内生产总值的比例继续保持在4%以上。公共教育服务财政保障能力的提高为我国教育现代化建设奠定了坚实的基础。

但是，与此同时，教育投入"全浪费论"等言论开始抬头①，再加上我国经济进入新常态、政府财政收入增速下降以及党的十八届三中全会提出要深化财税体制改革，提出"清理规范重点支出同财政收支增幅或生产总值挂钩事项，一般不采取挂钩方式"的改革部署，在此背景下，建立起与我国教育现代化建设相适应的充足、公平、有效的公共教育服务财政体系是我国公共教育服务体系建设面临的重大任务。

（一）依法实现财政性教育经费投入稳定增长

坚持和巩固教育优先发展的战略地位，继续将教育作为财政优先保障的重点领域，依法实现财政性教育经费投入稳定增长。根据世界银行发布的相关数据，2014年世界高收入国家（地区）中大多数国家（地区）的教育公共支出占其GDP的比例都超过5%，部分中等收入国家例如巴西、南非等国的教育公共支出占其GDP的比例也都超过5%（见表17）。与此相比，我国公共教育财政投入水平显然还有明显差距。因此，要继续加大教育财政投入力度，坚持财政资金优先保障教育投入，确定新时期各级政府教育投入努力程度的监测指标，确保全国及各地财政一般公共预算教育支出逐年只增不减，确保按在校学生人数平均的一般公共预算教育支出逐年只增不减，实现各级各类教育生均教育投入水平持续稳定增长。完善中小学教师工资正常增长机制和中小学教师工资与公务员工资同步调整联动机制，确保中小学教师平均工资收入水

---

① 《教育投入"全浪费论"站不住脚》，《中国教育报》2015年1月7日。

平不低于或高于本地区公务员平均工资收入水平。显著提升学前教育阶段教师的政治地位、社会地位、职业地位。

（二）深化教育投入体制改革

合理划分教育领域财政事权和支出责任，明确责任分担方式，建立使教育事权与财政教育支出责任相适应的财政教育投入机制。依法落实各级政府教育支出责任。完善转移支付制度，增强省级政府的教育经费统筹能力。建立并完善各级各类教育的动态生均经费标准和生均财政拨款标准。拓展教育经费来源渠道，完善非义务教育阶段学生培养成本分担机制，合理确定非义务教育公办学校学费标准。积极发展民办教育，落实相关税收减免政策，完善土地、金融、人才等优惠政策，鼓励社会力量和民间资本提供多样化教育服务。依法落实民办学校举办者筹措办学经费的法律责任，依法保障民办学校举办者的合法权益。完善社会捐赠激励机制，广泛吸引社会力量通过多种形式捐资助学。支持高等学校向社会各界募集、筹措办学资金，优化办学条件。

（三）优化公共教育投入配置和使用机制

坚持"保基本、补短板、提质量、促公平"的投入方向，加快建立透明、公平、科学、可监督的公共教育财政投入决策机制，推动财政性教育经费支出向发展薄弱地区（农村地区）、薄弱学校、困难群体倾斜，强化教育投入对教育质量提高、教育结构优化、能力建设、体制机制改革等重点工作的保障力度。特别是要针对财政性教育经费支出困难等实际问题①，完善预算分配方式，由以硬件投入为主转变为逐步增加人员经费支出比例，更加重视保障人员经费需求。同时，与时俱进改革

---

① 温如军：《教育部明确去年教育经费剩1千多亿：有些地方没有足额安排资金》，《法制晚报》2015年3月8日。

公共教育经费管理体制和运行机制，给予基层和学校更多的统筹使用经费的自主权。

（四）健全公共教育经费监管机制

完善教育经费预决算管理制度、转移支付制度、教育经费审计制度、教育经费使用绩效考核制度，以及教育经费信息公开制度，建立健全全方位、全过程、经常性的教育经费监管体系，全面提高公共财政教育投入的效益。推动各级各类学校加强内部控制机制建设，完善学校财务会计制度、国有资产管理制度、教育收费管理和内部审计制度，全面提升学校经费的专业化管理水平。接受社会监督，对经费使用过程中出现的违法违规行为，依法严格追责，有效遏制教育腐败问题。①

三　构建现代化的公共教育服务治理体系

良法善治是教育现代化的客观要求。"十二五"以来，我国公共教育服务管理体制改革取得了一系列积极进展。特别是自 2014 年起，为落实十八届三中全会有关"深入推进管办评分离，扩大省级政府教育统筹权和学校办学自主权，完善学校内部治理结构"等重大改革举措，相关部门先后推出了一系列重要的改革部署，例如国务院教育督导委员会办公室印发了《深化教育督导改革转变教育管理方式意见的通知》、国家教育体制改革领导小组办公室颁布了《关于进一步扩大省级政府教育统筹权的意见》、教育部颁布了《关于深入推进教育管

---

① 联合国教科文组织教育规划研究所（IIEP）认为，腐败就是"系统性地利用公共职务谋取私利，导致公共物品和服务质量或效用下降"的行为。参见桑锦龙《教育转型与专科毕业生就业》，社会科学文献出版社，2008，第 145～146 页。

办评分离 促进政府职能转变的若干意见》、教育部、中央编办等五部委颁布了《关于深化高等教育领域简政放权放管结合优化服务改革的若干意见》等。特别是 2017 年中办、国办印发的《关于深化教育体制机制改革的意见》明确提出，到 2020 年我国要基本建立教育的基础性制度体系，形成充满活力、富有效率、更加开放、有利于科学发展的教育体制机制（见表 6）。有鉴于此，可以说当前和今后一段时间将是落实这些改革部署的重要"窗口期"，同时也对进一步增强教育体制机制改革的系统性、整体性、协同性提出了新的更高的要求。

（一）明确各级政府发展教育的责任

落实全国教育大会精神，完善中国特色教育法律体系，加快《教育法》《教师法》等一揽子法律的修订，积极推进《学前教育法》《普通高中教育法》《终身教育法》等的制定。以提高学前教育普及普惠程度为核心，明确省级统筹、县级主责、政府主导、社会参与的管理模式，完善学前教育举办、资助和评价机制，构建广覆盖、保基本、有质量的学前教育公共服务体系。以促进基础教育优质均衡发展为核心，完善基础教育省、县两级管理体制，强化省级统筹和县级主体责任。以促进高等教育内涵、特色和差异化发展为核心，完善高等教育宏观管理体制，提升省级政府统筹区域高等教育发展的能力，改进中央部属高校对央地共建工作的统筹领导，健全支持高校依法自主办学与引导高校服务区域有机结合的管理运行机制。以建立健全现代职业教育与培训体系为核心，强化省级政府统筹领导发展职业教育的责任，明确教育行政部门与劳动就业保障部门的主责主业，支持行业部门和企业参与职业学校办学，不断健全多元化办学体制，深度推进产教融合、城教融合、职普融合。

（二）强化省级政府发展教育的职责

切实落实"扩大省级政府教育统筹权"改革部署，以强化省级政府领导教育领域综合改革的"主体性"为主线，深入推进"放管服"改革，做好省级政府的"接、放、管"工作。"接"，就是省级政府要接好中央下放教育领域的权力。优化省级和县级政府的教育管理职责，细化政府各部门发展教育的职责（例如教育行政部门与教育督导部门、教育部门与劳动部门），完善权力清单和责任清单管理制度，确保教育责任履行到位。"放"，就是将中央明令取消的，省级政府该放的教育管理权力切实放给下级地方政府、学校、社会（例如落实好已经下放的高校教师职称评审、专业设置、科研经费使用等方面的办学自主权）。"管"，就是把依法该由省级政府统筹管理的公共教育服务管起来、管到位。强化对省级人民政府履行教育职责的督导评价，落实《对省级人民政府履行教育职责的评价办法》，以提高教育教学质量为中心，重点评价各地政府领导、管理、保障、推进本行政区域内教育事业改革发展稳定工作的有关情况，将评价结果作为对省级人民政府及其有关部门干部进行考核奖惩的重要依据。①

（三）完善政府教育治理方式

以确保学校的办学自主权为基础，通过深化教育管理体制机制改革，努力形成坚持党的全面领导，既有利于政府进行统筹管理，又能调动各种社会力量（第三部门、学校、家长等）参与教育管理的富有活力的教育治理格局。推进教育行政管理的制度化、规范化、程序化，更加重视运用法律、规划、标准、经费、信息服务、督导等综合政策工具

---

① 《审议通过〈对省级人民政府履行教育职责的评价办法〉》，《人民教育》2017年第9期。

管理教育，加快建立教育综合执法机制。推进决策、执行、监督既相对分离又紧密联系的教育行政管理体系建设，强化事中事后监管，强化对各级政府履行教育职责的督导和对学校规范办学的督导，建立起教育督导部门依法独立行使教育督导职能的体制，提高督导的权威性、专业性和规范性。积极培育第三方专业教育服务机构，重视发挥教育智库、教育中介组织和教育行业协会的作用，推进教育决策的科学化和民主参与。建设跨部门、跨行业的教育综合监管平台，规范相关部门对教育机构的监管事项，减少对学校正常教育教学活动的干扰。

（四）全面推进学校依法办学

进一步明确各级各类学校的法律地位，通过减少教育行政审批事项和规范相关审批流程，推动学校章程的制订和有效实施，减少行政机关对学校的检查评估，切实落实和扩大学校办学自主权。建立学校内部民主管理体制和高效的治理结构，完善学校的决策机制和议事规则，依法保障各级各类学校的校长、教师、学生的合法权益。高等学校要坚持和完善党委领导下的校长负责制，发挥党委领导核心作用，完善学术委员会制度、职工代表大会制度和学生代表大会制度，构建行政管理权力、学术权力和民主监督权力相互制衡、良性互动的机制。职业学校要建立健全学校、行业、企业、社区等共同参与的学校理事会（董事会）制度，强化外部监督和社会参与。坚持和完善党组织领导下的中小学校长负责制，建立健全校务委员会、教职工大会和家长委员会等制度，推进学校内部管理的精细化、规范化。要强化依法治教、依法治校的宣传教育，提升各级各类学校的校长和教师的公共服务意识和能力。

四　构建现代化的公共教育服务供给体系

供给体系建设是公共教育服务体系建设的主体内容。"十二五"以来，随着我国教育普及程度进一步提高，人民群众的受教育机会日益丰富多样。但是，与此同时，人民群众日益增长的对优质、公平、多样、便捷的教育需求与教育体系的供给能力不足、供给过程不均等、供给方式单一、供给体系不健全之间的矛盾也越来越突出。面对激烈的国际教育与人才竞争，我国出现了日益高涨的留学"低龄化""工薪化""尖子化"态势，坚定人民群众对中国教育信心的任务日益艰巨。在此背景下，必须坚定不移地深入推进公共教育服务体系的供给侧结构性改革，建立健全基本公共教育服务标准体系和监测评估体系，实现基本公共教育服务均等化。全面提高非基本公共教育服务供给水平和供给质量，提高人民群众的教育获得感和满意度。特别是要把逐步实现服务对象从学龄人口向全体公民转变，服务重心从机会保障到质量提升转变，服务形式从基础性服务到发展性服务转变作为我国公共教育服务供给体系建设的主要方向。

（一）持续增加公共教育服务的有效供给

要围绕"幼有所育、学有所教"的战略部署，进一步提高我国教育的普及化水平。以更大的力度推动学前教育发展，建立健全覆盖0至6岁幼儿的学前教育公共服务体系，重视推进0至3岁幼儿的家庭教育指导网络，加快建设普惠性学前教育公共服务体系，进一步缓解"入园难""入园贵""入园远"的问题。普及高中阶段教育，加快从中等职业教育到普通高中渐进式免除学杂费的进程[①]，落实好进城农村贫困人口随迁子女享有普惠性学前教育资助、中等职业教育国家助学金、中等职业教育免除学杂费、普通高中国家助学金、普通高中建档立卡等家庭经济困难学生免除学杂费等政策。持续为家庭经济困难群体、特定社

---

① 张力：《树立以提高质量为核心的教育发展观》，《中国教育报》2015年11月19日。

会群体（例如退伍军人、转岗工人、未就业大学生）提供高质量的继续教育公共服务（产品）。健全布局合理、学段衔接、普职融通、医教结合的特殊教育公共服务体系，让具备学习能力的残疾少年儿童能够公平获得适合自身特点、高质量的教育。适应我国日益加深的人口老龄化趋势，建立健全老年教育与学习服务体系。

（二）创新公共教育服务提供方式

建立健全政府购买教育服务机制，完善相关的招标制度和监督机制，鼓励社会力量和民间资本提供多样化公共教育服务，满足公众多样化、个性化教育需求。鼓励支持高等学校、科研机构、企业参与基础教育发展，建立附属幼儿园、实验学校、劳动教育基地等，扩大优质教育资源供给规模。全面提升中外合作办学水平，引进国际优质教育资源开展合作办学（学校或项目）。适应信息技术特别是智能技术的发展，积极推进"互联网＋教育"，构建免费公益的数字教育资源公共服务平台，加强优质在线开放课程的建设与应用。

（三）促进公办学校公平优质发展

努力办好每一所公办学校，努力使优质公平的公立学校体系成为公共教育服务体系的主体。结合事业单位改革和招生考试制度改革，进一步明确公立学校的功能定位，规范公立学校的入学政策和管理制度，建立健全对公办学校的投入保障、激励奖惩、监督问责机制，坚守公办学校的公共性，防止公立学校借助不断提高的办学自主性，成为为少数人或特定社会群体、社会阶层谋取私利的工具。[1] 坚持立德树人根本任务，积极推进专业化的教育质量保障体系建设，更加重视教育评价在教

---

[1] 劳凯声：《教育体制改革与改革伦理问题》，《首都师范大学学报》（社会科学版），2011年第4期。

育质量监测、导向和保障中的重要作用，支持教育评估中介机构发展，促进教育质量评价的国际合作与交流。

（四）建立区域基本公共教育服务均衡化机制

适应我国经济区域一体化（例如京津冀、长三角、珠三角）快速发展的新形势新要求，坚持"省级统筹"与"区域统筹"相结合，探索构建跨行政区划的教育管理体制，推动区域基本公共教育服务均衡化，包括制定区域教育协同发展规划，创新区域教育投融资体制，建立区域内发达省市对口支援欠发达省区基本公共教育服务发展的有效模式，通过名校办分校、优质课程资源共同开发、师资管理干部培训、联合教研、教育质量监测评估一体化、实验实训基地共建、校际"手拉手"、名师工作站建设、高校科研机构举办附中附小等方式，加快提升欠发达地区基本公共教育服务水平。

五 构建现代化的公共教育服务信息体系

提供充足、清晰和可信的公共服务信息是政府的必要职能之一。例如，世界银行在《1997 年世界发展报告：变革世界中的政府》中就指出，信息不完整或不对称是导致国家干预的重要动因之一，"来自消费者方面的信息不完整，将导致对某些服务如基础教育或预防性医疗保健的系统性低估。信息不对称是指提供者比消费者了解得多，反过来亦然。它将导致过度的或提供者诱导的需求，比如在医疗服务上"[1]。当前随着信息通信技术的迅猛发展，人类进入了"信息化时代""数字化时代""人工智能时代"，政府信息对社会公众的生产、生活和经济社

---

[1] 世界银行编《1997 年世界发展报告：变革世界中的政府》，中国财政经济出版社，1997，第 26 页。

会活动的影响越来越大，社会公众对政府工作的透明度和公平性的需求有了很大的提高，知情权和维权意识越来越强。与此同时，我国政府相继推出《中华人民共和国政府信息公开条例》等一系列文件①，推进政务和公共服务信息公开工作。在此背景下，构建现代化的公共教育服务信息体系必然成为建立健全公共服务体系的应有之义。

（一）加快建设先进的教育信息基础环境

积极推进教育技术的研发和普及推广。整合教育领域的网络基础设施资源和各类公共云服务，构建统一领导、统筹规划、分工协作、运行顺畅的国家教育网络与信息平台。汇聚公共教育管理服务数据资源，建立教育数据目录体系，建立健全数据更新、交换共享和应用服务机制，构建教育数据平台。应用新型安全防护技术和设备，全面提升国家公共教育服务网络与信息安全保障能力。

（二）构建数字教育资源公共服务体系

"积极推动人工智能和教育深度融合，促进教育变革创新，充分发挥人工智能优势，加快发展伴随每个人一生的教育、平等面向每个人的教育、适合每个人的教育、更加开放灵活的教育。②"探索建立国家数字教育资源共享服务平台（Education Management Information System，EMIS），加强各级各类优质教育资源开发利用，建成数字资源共享交换中心和统一服务门户，实现全国免费共享。加强各级各类学校网络基础

---

① 例如，国家层面的《国务院办公厅关于施行〈中华人民共和国政府信息公开条例〉若干问题的意见》（2008 年）、《关于深化政务公开加强政务服务的意见》（2011 年）以及教育系统内部的《教育部机关政府信息公开实施办法》（2008 年）、《教育部办公厅关于进一步改进和加强办事公开工作的意见》（2009 年）、《高等学校信息公开办法》（2010年）、《教育部关于推进中小学信息公开工作的意见》（2010 年）等。

② 《习近平向国际人工智能与教育大会致贺信》，《中国青年报》2019 年 5 月 17 日。

设施建设与多媒体终端配备，将数字资源作为学校教学资源配置的主要资源之一，推进智慧校园建设。重视"数字鸿沟"问题，促进欠发达地区和薄弱学校的教育信息化建设"非常规""跨越式"发展。支持和规范互联网教育行业发展，鼓励社会力量和民间资本提供多样化、个性化互联网教育服务。

（三）完善国家教育管理信息系统

围绕终身学习体系和学习型社会建设，探索各种新型学习方式的保障机制，形成覆盖全民、伴随终身，记录所有学历和非学历信息，衔接学籍信息和学分银行的个人学习档案，统一纳入公民基本身份信息管理。① 加快形成全方位、立体化和多层次的教育管理与监测体系，推进公共教育服务的精细化和科学化管理。加强系统和资源整合，推进各级各类教育管理工作的在线贯通与融合。继续推进教育领域的一站式电子政务服务，优化政务服务信息化流程，逐步实现各类教育政务服务事项的网上办理、移动办理，全面提升教育政务服务效率。继续大力推进教育政务和公共教育服务信息公开工作，主动公开涉及公众切身利益或社会普遍关注的信息，例如考试招生、收费评比等，鼓励媒体和社会公众监督公共教育服务机构的工作。

---

① 张力：《树立以提高质量为核心的教育发展观》，《中国教育报》2015 年 11 月 19 日。

后　记

　　本书付梓之际，2018 年 9 月 10 日至 11 日，全国教育大会在北京召开，习近平总书记发表了重要讲话，明确提出"教育是国之大计、党之大计"，紧扣"培养什么人，怎么培养人，为谁培养人"这一教育的根本问题，系统阐释了中国特色社会主义教育的本质特征和发展规律，成为新时期我国教育改革发展的基本遵循。2019 年年初，中共中央、国务院印发了《中国教育现代化 2035》，进一步提出我国教育现代化的总体目标是：到 2035 年，总体实现教育现代化，迈入教育强国行列，推动我国成为学习大国、人力资源强国和人才强国，为到 21 世纪中叶建成富强民主文明和谐美丽的社会主义现代化强国奠定坚实基础。可以说，全国教育大会的召开和《中国教育现代化 2035》的颁布实施，标志着我国教育现代化进程在新时代的全面推开、全面加速，对于未来较长一段时间我国的教育现代化建设都具有重大战略指导意义。

　　特别需要指出的是，习近平总书记在全国教育大会的讲话中，明确提出，"我们要抓住机遇、超前布局，以更高远的历史站位、更宽广的国际视野、更深邃的战略眼光，对加快推进教育现代化、建设教育强国做出总体部署和战略设计，坚持把优先发展教育事业作为推动党和国家各项事业发展的重要先手棋，不断使教育同党和国家事业发展要求相适应、同人民群众期待相契合、同我国综合国力和国际地位相匹配"。本书目的在于对公共教育服务体系这一我国教育现代化进程中最重要但也非常宏大复杂的制度建设领域做出整体性、前瞻性、战略性的宏观理论思考。但是，囿于研究能力和研究时间，作者对许多问题的分析还不充分深入，相关资料的掌握也不系统全面，部分观点尚不成熟，有些内容还需要进一步的调研和总结提炼。总之，本书的疏漏谬误之处，望读者谅解并不吝赐教，日后尽快修正。

本书前言、第一、二、三、四、六章由桑锦龙完成，第五章由汤术峰完成。全书统稿工作由桑锦龙完成。本书在撰写过程中得到北京教育科学研究院教育发展研究中心郭秀晶、高兵、雷虹、李政、刘继青等多位同事的大力支持，在此一并表示感谢。感谢社会科学文献出版社编辑对本书出版提供的指导和帮助。

桑锦龙

2019 年 6 月 20 日

图书在版编目（CIP）数据

公共教育服务体系建设概论 / 桑锦龙，汤术峰著
. -- 北京：社会科学文献出版社，2019.11
ISBN 978 - 7 - 5201 - 5565 - 6

Ⅰ.①公… Ⅱ.①桑… ②汤… Ⅲ.①教育事业 - 公
共服务 - 体系建设 - 研究 - 中国 Ⅳ.①G52

中国版本图书馆 CIP 数据核字（2019）第 198083 号

公共教育服务体系建设概论

著　　者 / 桑锦龙　汤术峰

出 版 人 / 谢寿光
组稿编辑 / 蔡继辉
责任编辑 / 丁阿丽
文稿编辑 / 杨云芳

出　　版 / 社会科学文献出版社·皮书研究院（010）59367092
　　　　　　地址：北京市北三环中路甲 29 号院华龙大厦　邮编：100029
　　　　　　网址：www.ssap.com.cn
发　　行 / 市场营销中心（010）59367081　59367083
印　　装 / 三河市龙林印务有限公司

规　　格 / 开 本：787mm × 1092mm　1/16
　　　　　　印 张：13.25　字 数：179 千字
版　　次 / 2019 年 11 月第 1 版　2019 年 11 月第 1 次印刷
书　　号 / ISBN 978 - 7 - 5201 - 5565 - 6
定　　价 / 89.00 元